鬼平と出世

旗本たちの昇進競争

山本博文

講談社現代新書

プロローグ――『よしの冊子』が明かす寛政期の旗本たち

白河藩主松平定信は、八代将軍徳川吉宗の孫で御三卿（吉宗の子供と孫が創始した三家）の田安徳川家に生まれた。彼は、天明七年（一七八七年）六月、田沼意次《おきつぐ》失脚の後を受けて老中首座に就任し、寛政の改革を指導することになる。

定信が老中首座に就任して一年が過ぎた天明八年九月のこと、役人のポストの空きがたくさんあったので、昇進しそうな者は今か今かと内示を待っていた。九月二四日には、役替えがあるポストが発表された。

すると江戸城中では、「ソリヤ二六日には御役替があるだろう」とささめきあい、「何役は誰だろう、是は何役だ」とまちまちの噂をする騒ぎになった。

役替えを命じられる時は、前日、登城を命ずる老中奉書が来る慣行になっていた。総理大臣が組閣をする時、当選回数を重ねた議員が電話で呼び出されるのとまったく同じである。ただし、召されて老中に申し渡されるまでは、自分が何の役になったかはわからない。

駿府町奉行の依田五郎左衛門（守壽《もりかず》、一〇〇〇石）は、良くても悪くても明日は召されるだろうと、二五日、自宅で一日中立ち通しで老中奉書が来るのを待っていたという。

また城中でも、京都町奉行の井上美濃守（利恭《としやす》、五〇〇石）は、「おれは何の構いはないが、明日召される人の評判を聞いて行こう」と居残っていた。物見高い人である。ところが残念ながら、二六日になっても召された者は一人もいなかった。

このように、武士たちは、昇進をめぐって一喜一憂していたのである。

中には、家庭の事情で昇進がないように願う者もいた。

先手鉄砲頭で火付盗賊改《ひつけとうぞくあらため》も務めたことのある堀帯刀《たてわき》（秀隆、一五〇〇石）は、「今度奈良奉行が空いたそうだから、繰り上げ人事で自分などが仰せ付けられるであろうなどと世間で評判しているようだ。しかし、おれは極老の母がいるから、もし遠国奉行にでもなったら、母が喜ぶまい。どうか母のためだから、遠国奉行は沙汰のないようにしたいものじゃ」と漏らしていた。

蓋を開けて見ると、堀は持筒頭《もちづつがしら》（鉄砲組の頭）に転任になることになった。江戸で勤務する格上の役職もあるのに、横滑り人事に留まったわけである。そのため、この人事はむごいという評判もあったが、堀は懇意の者を訪問して、「さてさて有り難いことだ。自分は遠国は望んでいなかったので、なんしか江戸で御役替えがあるようにとの心願だったが、御持頭（持筒頭のこと）になったことは願った通りだ」と本当に喜んでいた。親孝行な旗本がいたものである。

堀が心配していた奈良奉行は、奉行の急死で空席になっていたのだが、なかなか決まらなかった。いずれ目付の中から任命されるだろうと観測されていたが、案の定、一〇月九日に西の丸目付の三浦甚五郎（正子《まさつぐ》、八〇〇石）が昇進することになった。

一方、小普請組頭の中川勘三郎（忠英《ただてる》、一〇〇〇石）は、御徒頭《おかちがしら》への昇進が噂されていた。しかし、なかなか内示がない。

中川は、負け惜しみで、「おれは、何だかよくないと見えて、今まで役替えの沙汰もない。それはそれで仕方のないことだが、もし召されるならば麻上下の一具も拵《こしら》えねばならぬ。今あるのは真麻製だが、紋のところに雨が滲みて、召される時にはとても着て出られない」などと言っていたところ、急に召されて目付を拝命することになった。

それを聞いていた周囲の者は、「おおかたその粗末な麻上下のままで出頭したのだろう」と噂した。これには栄達した中川へのやっかみもあっただろう。

現在でも、人事異動の季節の前には、いろいろと下馬評が取り交わされるし、落ち着かないサラリーマンも多いことだろう。江戸時代の旗本たちも、まったく同じである。

平常の旗本は、寄ると猥談をしていて、女好きが多い。勘定奉行の桑原善兵衛（盛員《もりかず》、五〇〇石）などは「至て淫欲にて」といわれるほど盛んで、一二歳の時から（！）下女に手を出していた。

そんな精力絶倫の気質は長じてますます顕著になり、勘定奉行に昇進したこの頃は、妻が病気であったため、代わりに妾を囲っていた。

出費を惜しんで吉原などへは行かず、もっぱら下女専門だった桑原は、勤務中にも同僚に下女に手を出せばよいなどと勧めていたほどだった。

ある人が、「そんなに励むと不養生です」と意見したところ、「おれは格別じゃ」と聞く耳を持たなかった。

弱い立場の派遣社員に関係を迫るセクハラ部長のような困った人物である。

しかし、中にはそうでない者もいる。目付の坂部十郎右衛門（廣高《ひろたか》、蔵米三〇〇俵）は「性質淫欲少く」、つまり性的に淡泊な性格で、二五歳で結婚するまで女性を一向に近づけなかった。

多くの旗本は、結婚する前から下女に手を出したり、吉原へ通ったりしていた。坂部は、仲間同士で猥談になった時には、次のように言っていたという。

「私は全く妻への義理ばかりに、一年に二、三度ずつは交接仕りますが、それすら迷惑に思っております」

セックスレスカップルの走りと言えようか。そのせいか実子はなく、養子をとっていた。

江戸時代の中頃までは、アイドルと言えば吉原の花魁《おいらん》。絵にも描かれて江戸男性のあこがれだった。しかし、松平定信は風俗統制を強め、芸者などまで厳しく取り締まったため、吉原や岡場所などは不景気になっていた。そしてそのあおりで、江戸の町では、水茶屋（現在の喫茶店）に勤める娘たちの人気が高まっていった。

中でも、両国薬研堀《やげんぼり》の水茶屋、高砂屋のひさという少女や浅草観音難波《なにわ》屋のおきたという少女が有名な美人で、錦絵に摺り出されて評判を呼んだ。錦絵は現在のアイドル写真集のようなものである。

このような看板娘がいると店も繁盛するので、水茶屋ではどこも美少女を雇おうとスカウトしていた。水茶屋は今の喫茶店のようなもので、芸者や遊女と遊ぶ茶屋ではない。少女たちは、茶の給仕が仕事であった。

ところが難波屋のおきたは、あまりに人気が出たために高慢になり、自分では客に茶も出さず、脇の手伝いの者に出させた。このアイドル気取りが近所の若い者の気に障った。彼らは人糞を桶に入れて店に行き、その少女はもちろんのこと腰掛けや茶釜にまでまき散らした。

しかし、そのことがよけいに評判を呼び、翌日昼過ぎに掃除を終えて開店したところ、見物人が群集して爪先立ちもできないほど混雑したという。

一方の高砂屋のひさには、ある富豪の町人から、一五〇〇両で妾に貰いたいという申し出があった。しかし、ひさは親に内緒で水茶屋に勤めていたため、勤めを辞めるはめになった。「親バレで引退」というと当世のAV女優のようだが、追っかけのファンにとっては痛恨の出来事だった。

このような世の退廃を憂えた定信は、武士の気風を引き締めることを強調し、各組の与力や同心に弓や鉄砲の稽古《けいこ》をすることを奨励した。

与力はそれなりの知行があるからいいが、同心は当番の日以外は植木を作ったり、提灯を張ったりと、内職をして妻子を養っていた。それが鉄砲の稽古に追われ、まったく内職ができなくなってしまった。

上には理想があって行ったことだろうが、いつもそのしわ寄せは下の者に増幅して及んでくる。困ったものである。

寛政の改革時には、定信の側近であった水野為長《ためなが》という者が、日々幕政や世上についての見聞、幕府役人の評判などを書き留めて定信に提出していた。この隠密情報を集めた冊子が、『よしの冊子』と命名されて現在に残っている(『随筆百花苑』第八・九巻、中央公論社)。

水野為長は、幕府御先手与力萩原貞辰の次男として生まれた。父の貞辰は、歌人として、また和学の古学者として令名が高い。為長は、田安家家臣水野氏を継ぎ、二〇歳前後の頃、田安家の子賢丸《さかしまる》(後の定信)の近習《きんじゅう》の一人に選ばれ、のち定信付《づき》となり、側近く勤仕した。

『よしの冊子』という書名は、内容が噂話を集めたものなので、「……の由《よし》」という書き方が多いためつけられたものである。この史料には、現代のサラリーマンそっくりの武士たちが数多く登場して、思わず苦笑させられる。本書では、この史料に登場する鬼平こと火付盗賊改、長谷川平蔵（宣以《のぶため》、四〇〇石）とそのライバルたちを中心に、旗本たちの肉声と中間管理職の悲哀を書いていきたいと思う。

目次

【第一部】「鬼平」長谷川平蔵と好敵手たち

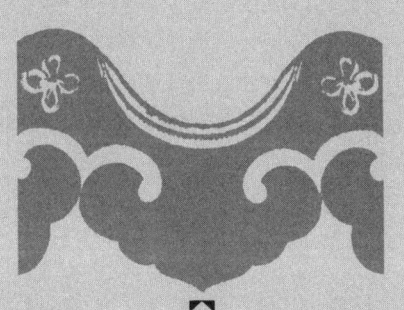

敵が多かった平蔵

鬼平こと長谷川平蔵宣以《のぶため》は、寛政の改革の頃、火付盗賊改《ひつけとうぞくあらため》を務めた実在の人物である。

火付盗賊改は、幕府の軍事職制の一つである先手頭の兼任である。先手組は、弓組九組と鉄砲組二〇組があり、別に西の丸先手として弓組二組、鉄砲組四組があった。その指揮官である先手頭は、与力六～一〇騎・同心三〇～五〇人を統率する中間管理職である。役高は一五〇〇石、若年寄支配であった。

この先手組のうち一組は火付盗賊改として、江戸市中の防火と警察の任にあたった。これが本役（「定加役《じょうかやく》」ともいう）で、冬季には一組が臨時に加えられ、「当分《とうぶん》加役」と言った。ただし、火付盗賊改自体が先手頭の兼任であるので、加役といえば火付盗賊改をさす。

平蔵が初めて火付盗賊改を拝命したのは、天明七年（一七八七）九月一九日のことで、これは当分加役である。翌八年四月二八日にいったん任を解かれ、一〇月二日、再び加役に復帰した。

この年七月には松平定信が老中首座となり、寛政の改革が開始されていた。平蔵を加役に復帰させせたのは定信政権だった。

この頃の平蔵の評判は、上々であった。

長谷川先達《せんだつて》中はさして評判宜《よろ》しからず候所、奇妙に町方にても受け宜しく、西下《せいか》も平蔵ならばと申し候様に相成り候よし。町々にても平蔵様々々々と嬉しがり候由。

——長谷川平蔵は、先頃は評判もさほどよくなかったが、不思議なことに町方でも受けがよく、定信も「平蔵ならば」と言うようになったということだ。江戸の町々でも、「平蔵様、平蔵様」と平蔵が加役でいることを嬉しがっているということだ。

平蔵は、後に述べるように上の受けがよくなかった。そのためか、町方の評判がよくなっても、「奇妙に町方にても受け宜しく」と消極的に書かれているが、庶民の声は正直であった。

江戸の町方の者が、平蔵をたたえたのには理由がある。平蔵は、人心をつかむために、借金が増えるのも厭わず、庶民の庇護者としてふるまったからである。

たとえば、町人が夜中などに囚人を役宅へ連れてくると、さっそくに受け取らせ、「ご苦労であった」と自腹で蕎麦などをとってふるまう。

ふるまうといっても、冷や飯に茶漬けなどでは町人も喜ばない。そこで、わざわざ蕎麦屋へ人を走らせ、蕎麦などを出すという思いやりを見せたのだ。ご馳走にあずかった町人は、恐縮してありがたがった。当時は出前をとる方がご馳走だったから、なおさらである。

温かく遇された町人たちが、「平蔵様のためなら」と意気に感じて、捜査に協力することもあっただろう。そんな平蔵の姿を見て、部下の同心たちも誇らしく思い、上司（鬼平）への尊敬の念を深めたはずだ。

そうした優しさは、部下に対しても発揮される。部下の与力・同心に対してはよく酒食などを振る舞った。

ただし、同心に対しては、賄賂を取ることを厳しく禁じた。だがその一方で、薄給の彼らのために銭相場などに手を出し利ざやを稼ぎ、生活の面倒を見ることもあった。これが定信から「山師」などと胡乱《うろん》な目で見られた原因ともなったのだが、わずか家禄四〇〇石の鬼平にとっては、苦肉の策だったのだ。

平蔵は、後に述べるように多くの盗賊を召し捕らえ、また松平定信に建言して石川島に人足寄場を作るなど多くの業績をあげたが、同僚たちの中にも悪く言う者は多い。

たとえば、平蔵の後、火付盗賊改を拝命した森山孝盛は、自叙伝である『蜑《あま》の焼藻《たくも》の記』に「彼長谷川小ざかしき生質《ママ》にて、八年の間加役勤るうち、様々の計をめぐらしけり」と吐き捨てるように書いている。

森山の言うには、たとえば、加役組は他の先手諸組から増人をとることになっていたので、その増人に来た者に長谷川の紋がついた高張提灯を渡しておいた。そして出火の時は

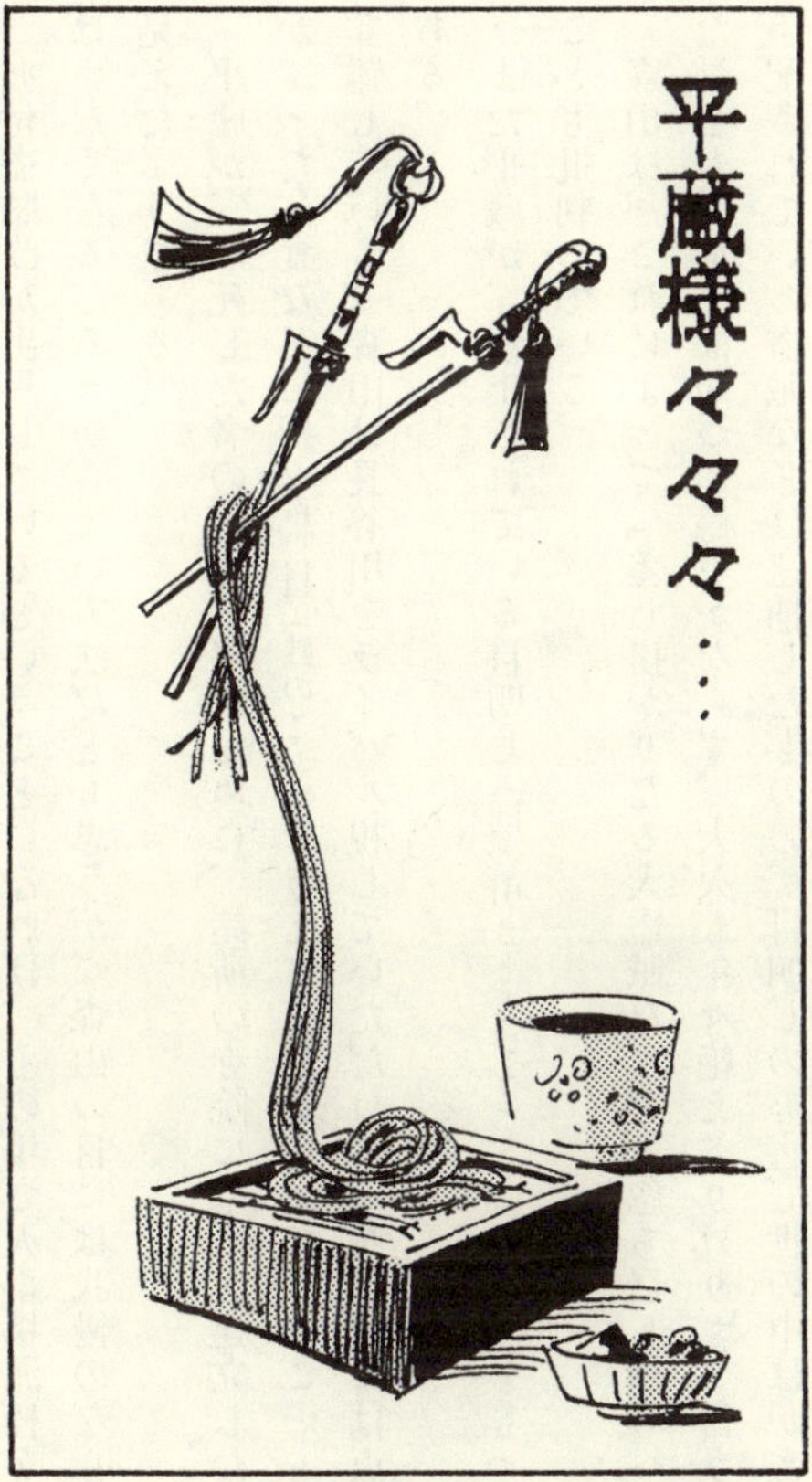
平蔵様々々々……

彼らにその高張提灯をともして速やかに火事場へ押し立たせた。そのため「愚なる人」は、「はや長谷川様が出馬せられた」と思うという。

火付盗賊改が出馬しているということになれば、その場で火事場泥棒を働こうとする者はいなくなるだろうからよい方法だとも思うが、森山の目には我慢のならない売名行為に見えたようである。

平蔵が、刑死した者の菩提を弔うために、諸所の寺院に墓塔を建立したり、道橋に菰をかぶった乞食などに折々鳥目《ちょうもく》（銭のこと）を与えて慈悲を行っていることも、同様の理由で非難している。森山は長谷川をライバル視していただけに、長谷川には点が辛かったのである。

また平蔵が、禁止されている目明し（岡っ引きともいう）というものをもっぱら使っていることも批判している。

森山は、これによって「差し掛かりたる大盗賊なんどは忽《たちま》ち召し捕らへて手柄を顕はしたれども、世上は却《かへ》つて穏やかならず、大火も年々絶えざりけり」と言う。さしあたって手配されている盗賊などは逮捕したものの、目明しの弊害で世の中はかえって不安が高まり、大火も根絶されることはなかったというのである。

この点は、確かに本質的なものかもしれない。平蔵は、自分が捕縛した者の罪を許し、目明しとして使って仲間の盗賊などを密告させていた。短期的には盗賊の検挙率はあがったかもしれないが、世の中に与える悪い影響もあったろう。

それでは、森山の手並みはどうだったのだろうか。彼は、次のように言う。

「世上の不正を改め、刑罰を行い、人の生死を決断する役目なので、人を捕らえるよりは、まず自分が正しくなければ他人を捕らえることはできないだろうと考え、まず悪党を捕らえるのは二の次にして、自分の組子の者ども（先手組の与力・同心）に不正の行いがないことを日夜厳しく戒め、少しでもよくない行いがあれば、その者を咎《とが》めて他組から別の者を入れるように計らった。また目明しをかたく禁じ、それについて考えるところを老中に上申した」

理想論である。ところでその結果はどうなったか。

「そうすると、召し捕らえる者は少なくなるはずだが、日々罪につく者は多くなり、あのような奇計をめぐらした長谷川の手並みに少しも替わることはなかった」

そういうものだろうか。ただ運がよかっただけかもしれないが、とにかく森山が行った与力・同心の綱紀粛正も、意外に盗賊検挙によい影響があったようである。

寛政改革を主導した老中松平定信も、人足寄場の設置などは平蔵の建言を容れたものの、その人物は嫌っていた。

定信の回想録『宇下人言《うげのひとこと》』には人足寄場によって江戸の無宿が大幅に減ったことを平蔵の功績としながら、「この人、功利をむさぼるが故に、山師などいふ姦なる事もある由にて、人々あしくぞいふ」と書いている。そして寄場が軌道に乗ると、平蔵を罷免するのである。なまじ才気があるため、敵も多い平蔵であった。

海千山千の策士だった鬼平

火付盗賊改の鬼平こと長谷川平蔵は、同時代の旗本からは悪く言われていた。しかし、一面で、庶民には人気があった。

『よしの冊子』という史料は、寛政改革を行った松平定信の手元に集められた隠密情報を整理したもので、平蔵についてもいくつかの噂が報告されている。紹介していこう。

下谷《したや》（現、台東区）に播磨屋吉右衛門という大町人がいた。平蔵はこの者の悪行を嗅ぎつけ、度々与力や同心を遣わして捕らえさせようとしたが、捕らえることができなかった。

ある日、平蔵は、播磨屋の前へ行き、「少々承りたいことがあるので、ちょっとここへ出よ」と言い、吉右衛門が何気なく表へ出たところをそのまま捕らえて帰ったという。確たる証拠もなく捕らえて、後で拷問によって自白させたのであろう。

この吉右衛門は、吉原に遊女を抱え置き、そのほか上野辺りの隠《かくし》売女はすべて彼が元締めしているという悪党であったから、よくぞ捕らえたと噂されたという。そのほか、長谷川が手強い強盗を何人も捕らえたということで、評判は至極よろしいということだった。

さらに長谷川は、吉右衛門を品川の溜《たまり》（収容所）に入れることにしたが、吉右衛門は病気でしかも老人であることから、播磨屋の手伝いを一人呼び出して、次のように申し渡した。

「吉右衛門を溜に差し遣わした。其方には牢に入れるような咎《とが》はないが、吉右衛門は老人のうえ病気なので、看病かたがた其方を差し添えて遣わすので、溜にて看病するように」

これが噂になり、長谷川様は奇特な人だと賞賛された。また、長谷川は、浅草観音やそのほかの寺社などに行く時、従者に小銭を持たせて行き、乞食などに銭をやっている。そのため、「長谷川は御仕置筋には手強いが、又慈悲も能《よく》する人じゃと、一統評判宜《よろし》く御ざ候よし」ということだった。

こうして見ると、平蔵のあくの強さを嫌う者も多かったが、世間の評判はなかなかよかったようである。

『よしの冊子』の次の記述は、平蔵の実像をよく伝えてくれるように思う。

長谷川平蔵組同心鈴木某と申す者は、四ッ谷新宿の通りものにて、先年加役《かやく》の時分などは新宿にて威勢強く、夥《おびただ》しく賄賂《わいろ》をも取り候て、一ぱいに騒ぎちらかし候男にて御座候処、去年平蔵本役に仰せ付けられ候後より、厳しく相成り候て、一銭の儀も相成らず候間、右鈴木なども近頃は手も出申さず、これではたまらぬと嘆息いたし候由。

長谷川平蔵組の同心鈴木某という者は、四ッ谷新宿の「通りもの」だったという。通り者というのは土地の顔役で、いまのやくざに近い存在である。その通り者が、目明しどこ

火盗
ちょっと
…
ここへ
出よ
…
…
うわ
汚ねえ!!

ろか平蔵組の同心となっていたのである。同心の任免は、先手頭の胸先三寸で可能だったから、そういう者を配下につけることもあったのであろう。

ところが、長谷川は、盗賊逮捕の実績から、それまでの火付盗賊改の加役から本役になることになった。そのため行動を慎むようになり、鈴木などにも賄賂を取らないようにと、厳しく言いつけた。そのため鈴木は賄賂を取ることができず、「これではたまらぬ」と嘆息したという。

時代の移り変わりを見るに敏な長谷川の姿を伝えるエピソードだと思う。

寛政改革を行った松平定信は、長谷川が山師的なことを行って評判が悪いことは知りながら、

「そのような人でなければ人足寄場の創業などはできないだろうから、同僚の老中とも相談してまずやらせてみた」

と書いている。毒をもって毒を制すというところであろうか。

田沼意次を唸らせた鬼平の機転

長谷川平蔵は、幕府関係者にはうさん臭い者と見られていた。しかし、庶民には人気があったし、平蔵と接した者も驚くほどに手回しのよい者だと評した。

『よしの冊子』に、「長谷川は山師・利口もの・謀計ものの由」とあるが、それはたとえば平蔵が、自分の定紋《じょうもん》の入った高張《たかはり》提灯を火事場周辺の何ヵ所かに出し、見た者に、ここにも平蔵がいた、あそこにも平蔵がいたと評判させるといった行動を評されてのものだった。この行動は、以前紹介した森山孝盛もいまいましげに書いていたが、平蔵は高張提灯のあるところに与力や同心を配置していたので、町火消なども平蔵がいると思ってよく指示に従ったという。

平蔵は、人が提灯を三〇張拵《こしら》えれば、自分は五〇張も六〇張も拵えるというように、金銀を惜しまず人の上を行くことに努めていたのである。これは褒められてもいいことなのではないだろうか。しかしこのため、「甚《はなは》ださへ過た事をいたし申し候人故《ゆえ》、あぶなきと申し候ものも御座候由」ということだった。あまりに「さへ過」て目立つと、嫉《ねた》む人もいて、陥れられるかもしれない。

平蔵の「さへ過た」エピソードはもっとある。当時並ぶ者のいない権力者、老中田沼意次の屋敷辺りが火事になった時のことである。

平蔵は、すぐさま城へ断りを入れて登城せず、自宅からすぐに田沼の屋敷へ直行し、「お屋敷は風下ですので、御奥向きの方々は立ち退かれた方がよいと存じます。私が案内いたします」

と申し入れ、先に立って田沼の下屋敷まで案内した。

ここまでは普通だが、平蔵は、宅を出がけに本町の鈴木越後(有名な菓子司)へ立ち寄って餅菓子を注文し、「田沼様の下屋敷へ参った時分にちょうど届くようにせよ」と命じていた。また、宅にも、「もしこの火事が大火になるようなら、夜食を拵えて田沼様の下屋敷へ持参するように」と申し付けていたので、下屋敷に着いて一安心というところで有名ブランド物の餅菓子が出され、夜には田沼家の供の者にまで夜食が提供されるという至れり尽くせりの対応となった。

これについて、『よしの冊子』は、田沼の様子と平蔵評を次のように書く。

どふいたして此様に手が廻つた事だと、田沼も甘心(感心)致し候由。いまだ外よりは一軒も何も参らず候処、平蔵より鈴木越後の餅も参り、夜食も参り候由。すべて此様なる手の廻る事は奇妙に功者に御座候由。

いと
お菓子
鬼平

——どうしたらこんなによく手が廻るのかと、田沼も感心したということです。いまだ他からは一軒も見舞いすら来ないのに、平蔵からは鈴木越後の餅が来、夜食も来たということだ。平蔵は、人の歓心を得ることについては奇妙にうまい者だということです。

賄賂《わいろ》に目がない田沼である。周囲の者は、田沼の歓心を惹こうと、あの手この手で工夫をこらした物を田沼邸に届けていた。その田沼ですら感心するほどに、平蔵はうまく行動できたのである。相手に取り入るだけの価値があると見るや、持ち前の利口さを発揮して、驚くほどにうまく立ち回る平蔵の姿が浮かび上がる。

権力者に取り入るためには、人と同じことをしていては駄目である。相手は饗応に慣れているので、特別な工夫が必要である。これをうまくやってのけるのが、平蔵の真骨頂であった。

しかし、このような行動は、出し抜かれた者にはいまいましい。史料にある「奇妙に功者」という言葉使いは、その含むところをよく示している。風向きが変われば平蔵は「あぶなき」位置にいた。

しかし、取り入るばかりではなく、能力の裏付けがあったればこそ、田沼失脚の後を受けた松平定信も、「山師」という評判を知っていながら平蔵を起用したのであろう。

鬼平の陰にいた〝名奉行〟

寛政改革の頃、火付盗賊改の鬼平こと長谷川平蔵が、上野辺りの隠《かくし》売女の元締、播磨屋吉右衛門を捕らえた時、江戸の市中では次のような評判があった。

播磨や吉右衛門、長谷川手にて召し捕らへ候に付、町奉行は口を明け候由。初鹿野《はじかの》などは何と存じて居るか、ちつとは了簡が有そふなものじやと申すさたの由。

——播磨屋吉右衛門が、長谷川の手によって召し捕らえられたので、町奉行はあっけにとられ口をあけたということだ。町奉行の初鹿野などは、どう考えているのだろうか。少しは弁明があってもよさそうなものだと噂されているという。

町奉行の面目は丸潰れであった。一般に、町奉行所与力・同心は犯罪捜査と裁判の専門家集団だから、証拠がなければ容疑者を捕らえないが、火付盗賊改は、確たる証拠もなしに容疑者を捕らえ、きつい拷問によって自白させてしまったと言われている。

長谷川が、与力・同心も捕らえられなかった播磨屋をあっさり捕らえたのも、そのような事情があったのかもしれない。

ここで引き合いに出されている初鹿野とは、町奉行初鹿野河内守《かわちのかみ》のことで、天明八年(一七八八年）九月一〇日浦賀奉行から北町奉行に栄転していた。名は信興で、一二〇〇石の旗本である。一一〇〇石の旗本依田《よだ》政次の三男で、初鹿野信彭《のぶちか》の養子となっていた。

彼についても、松平定信への隠密情報をまとめた『よしの冊子』にはいくつかの噂が書き留められている。

「初鹿野河内守は、若い時は至って放蕩《ほうとう》元気者で、養父も二度、三度と実家へ差し戻そうと考えたほどだが、続柄もよいのでそのまま養子にしておいたところ、そのうち家督を継ぎ、段々に人物もよくなったということだ。ただし、放蕩している頃も、縮緬《ちりめん》の羽二重を着たり、銀の煙管《きせる》を持ったりということはなく、奢りはない人のように見えると噂されている」

依田政次は、作事奉行、町奉行、大目付を歴任した旗本で、初鹿野家に養子に入った信彭の実の兄である。したがって、信彭は甥を養子にしたわけで、続柄がよいというのはそのような血縁をさしている。とにかく、若い頃は「放蕩元気者」だったが、しだいに人物がよくなったという。まるで遠山の金さんのような人である。町奉行になった時、四五歳だから、分別盛りである。

この初鹿野は、江戸の市民には人気の町奉行であった。『よしの冊子』には、次のようなエピソードが書かれている。

下町辺りで葬礼があった時、誤って途中で棺を取り落としてしまった。その近所の町家の者が一人、気の毒に思って棺と遺骸とを家の中に入れ、また湯灌《ゆかん》（遺体を湯でふき清めること）をさせ、棺を繕ってやった。ところが、それを聞いた大家が立腹し、「地面を穢《けが》した」と言い立て、その借家人を町内に差し置き難いとして、借家から追い出そうした。以下、原文を紹介しよう。

　無拠《よんどころなく》公訴に及び候所、甚《はなはだ》奇特之事に候とて、御褒詞《ほうし》御座候へ共、大屋承知仕《つかまつ》らず候付、左候はば、其地面を右の町人に下さるべくと申し渡し御座候由、町々にて初鹿野はよい捌《さばき》だと歓《よろこび》申候由。

なかなかにすがすがしい話である。現代語に訳すと、次のようになる。

「しかたなく町奉行所へ訴え出たところ、奉行の初鹿野は、『たいへんよいことをした』と町人（借家人）にお褒《ほ》めの言葉を与えた。しかし、大家の方が納得しなかったので、『それならば、その土地を右の町人に与えよう』と申し渡したということだ。江戸の者は『初鹿野はよい裁きをした』と喜んだという」

乱暴な裁判ではあるが、難癖をつける大家に対して、「それなら穢れた土地はお前にはいるまい。借家人に下そう」と言い渡す場面は、時代劇を見ているようだ。大岡越前に並ぶ名奉行である。

――現在まで、捨子があれば一五歳になるまでは公儀（幕府）から町方へ御預けになったので、その捨子の様子が少しでもおかしければ、今朝熱気がありましただの、頭痛が強いのですだのと、そのたびに名主や五人組、大家、月行事などが付き添って町奉行所に出頭したので、そのたびごとに弁当をはじめいろいろと大変な物入りだということです。

幕府から預けられた者だから、死んだりしたら大変で、それこそ実の子供以上に大切にされたのである。

また、捨子があった時、町奉行所から遣わされる検使に御礼として二〇〇疋《ぴき》（一〇〇疋は金一分）を出し、ひとかどの料理で饗応したので、その当日だけで三両の物入りがあり、捨子を望む者に養子に出すまでに一〇両ほどの金がかかったという。

しかし、これでは捨子を拾った者の経済的負担が大きすぎる。不合理に思った北町奉行初鹿野信興は、その頃、下町辺りで捨子を拾って届け出た者に、次のように申し渡した。

捨子をば其方共へ下され候間、勝手次第養育仕り候様、尤《もっと》も公儀にては御構いこれなく候。

――捨子は其方どもへ下されるので、自由に養育するように。これについては公儀では御構いはない。

初鹿野河内守

捨子は、拾った者に預けるのではなく、下されるものだとし、養育法などについて幕府からとやかく言うことはない、と明言したのである。これを聞いた町方の者は、大喜びであった。たとえ病気になっても届ける必要もなくなり、すべてについて物入りが軽減されたのだから、それも当然である。

初鹿野以前に町奉行を勤めていた石河《いしこ》政武は、捨子があれば乞食に預けた。町方の負担を軽くするものであろうが、捨子に対する差別意識も窺《うかが》える。初鹿野の措置は石河とは違う。

初鹿野の措置に対する町方の評判は以下の通りである。

此度の様に下され切りに相成り候はば、扨々能御捌《さてさてよきおさばき》、是では捨るものも在《あ》まいと申し候由。

——今度のように下されてしまえば、さてさてよいお裁きで、これでは子を捨てる者もないだろうと評判しているとのことだ。

つまり、初鹿野のように「下され切り」にすれば、大切に育ててくれと思って子供を捨てるような不埒《ふらち》な親もいなくなるだろうというのである。もちろん子供を捨てるには一大決心がいっただろうが、捨てた子が大事にされるとわかっていれば、つい人の家の前に子供を置きたくなるであろう。バランス感覚に優れた初鹿野の裁きは、貧しい親たちの安易な解決法をも断つものだったのである。

鬼平に〝圧勝〟した松平左金吾

松平定信が老中に就任してまもなくの天明八年(一七八八年)九月二八日、松平左金吾という者が火付盗賊改の当分加役を下命された。

本役は鬼平こと長谷川平蔵だったが、当時の隠密情報を集めた『よしの冊子』を見ると、なかなかの人物だったようである。彼は、役を命じられると、江戸町中に家来を廻し、町々にある自身番(町人の警備施設)へ次のように伝えた。

「もし、左金吾の家来と名乗り、町家《まちや》々々で飲食をねだったり、金銭を無心したら、その者を召し捕らえ、私の家まで召し連れて来るように」

この措置は、「江戸中へそのように廻されたというのは、おおかたのことではあるまい」と大評判になった。それまでは、火付盗賊改の家来が来れば、何も言わなくても、小菊の鼻紙、国府《こくぶ》の煙草、中抜草履などを土産に遣わすことになっていた。これが一町につき、「役人物入」として一ヵ月五～六貫文ほどもかかっていた。このような出費がなくなるのだから、町方としては大喜びである。

この左金吾は実名を定寅《さだとら》といい、寄合に列する旗本であった。本家は桑名藩の久松松平家である。なお、寄合というのは無役ではあるが、三〇〇〇石以上、あるいは顕職を歴任した上級旗本を遇する格式で、尊重されていた。

知行《ちぎょう》高は二〇〇〇石、親の定蔵《さだくら》は中奥小姓から西の丸小姓組番頭《ばんがしら》、西の丸書院番頭を歴任して最後は大番の頭《かしら》にまで出世している。大番の頭は、番頭の中でも格式が高く、大名でさえ任命されることを名誉と思うほどの役である。

左金吾は、親の跡を継いだあと、寄合に列し、安永二年(一七七三年)から同三年まで火事場見廻を務めている。火付盗賊改に任命された時、三八歳の働きざかりで、満を持しての登場であった。しかも、家柄がよいためか周囲に臆するところなく、ずけずけと物を言っている。これには、火付盗賊改の本役である長谷川平蔵もたじたじとなっている。左金吾の当分加役就任当日、平蔵は殿中で彼に次のように忠告した。

「火事場へは、陣笠はかぶるけれども、頭巾はかぶらないので、さように御心得ありたい」

公務で火事場を回るには、日常も使う頭巾より陣笠がふさわしい。新任の加役に先輩風を吹かそうとしたのであろうが、左金吾は反撃した。

「それは公儀より仰せ出されたことでしょうか」

「公儀から仰せ出されたことではありませんが、同役中の申し合わせであります」

「それならば、拙者は頭巾をかぶりましょう。公儀から仰せ出されて𪫧《しか》とした御書付でもあれば、頭巾だろうが陣笠だろうがかぶりますが、御仲間の申し合わせであれば、自分の好きな方がよいでしょう。ことに拙者は、馬も不達者なので、もし落馬などした時も、頭巾ならば好都合です」

あっけにとられた平蔵は、「ともかくも」としか言えなかった。これは「どうにでも」というぐらいの意味で、何とも言い返せない時に使ったようである。

もう一人、「ともかくも」と言わされた人物がいる。師匠番の松平庄右衛門である。

師匠番は新任の者の指導役で、一般には神のように恐れられた。庄右衛門が左金吾に、新任の御礼廻りは御先手《さきて》筆頭と師匠番から始められたいと指導した時、左金吾は次のように言い放った。

「いや拙者は、さようには致しません。御職（貴方）は現在御引っ込みであります。引っ込んでおられる御方へは廻るに及ばず、現在お勤めになっておられる御方へまず廻り、御引っ込みの御方へは一番終いに廻りましょう」

こう言われて庄右衛門も、「ともかくも」と引き退った。

旗本の世界では先任、新任の序列が厳しく、新任の者は家来のように先任の者に仕えるのであるが、家柄もよく、押し出しもよい者がぴしゃりと言えば、その勢いに押されてなかなかいじめ倒すことはできなかったようである。

火付盗賊改
松平左金吾
松平庄右衛門
ともかくも
長谷川平蔵

道理を弁《わきま》え賞賛された左金吾

天明八年（一七八八年）九月二八日、火付盗賊改兼務を命じられた松平左金吾（定寅）は、長谷川平蔵ら先任の者を前にして一歩も譲らない剛直ぶりを見せていたが、部下に対しても厳格であった。

下命の前日、老中から「御用があるから明日御城へ出頭するように」との奉書が来た。いわゆる「御用召《ごようめし》の奉書」である。

さっそく、これを組の与力・同心に知らせたところ、与力たちが来て、左金吾に言う。

「明日、召させられるとのことですが、定めて御加役だと存じます。先例では、仰せ付けられた当日から、与力も所々に挨拶廻りし、同心は直接御頭《おかしら》が召し連れることになっています。（御城は）大手門から御下りになるでしょうか、桔梗門《ききょう》から御下りになるでしょうか」

部下の与力たちは、御用の内容は火付盗賊改（加役）任命のことに違いないとして、挨拶廻りの手筈《てはず》を調えようとしたのである。

ところが左金吾は、喜ぶどころか、大いに立腹して与力たちを次のように叱責した。

「各方《おのおのがた》はいかなる考えでさようのことを申されるのか。明日召される御用の儀が何と仰せ付けられるか、先手頭御免かもしれないではないか。なかなか加役なども思えない。いずれにしても御用の儀を前からさように手当することはできぬ。もし仰せ付けられたその日から召し捕らえものをせよと命じられれば、退出の際に私の家来にでも命じて召し捕《と》るであろう。どちらにしても加役を仰せ付けられてから其元方《そこもと》へは申し達するであろう」

集まった与力・同心たちは一言も返答できず、「尤《もっと》も至極」と言って帰ったという。与力たちの栄進の予測を喜ぶでもなく、役を命じられる以前からあれこれと手筈するのを僭越《せんえつ》であると叱ったのである。

こういう上司だと、部下もなかなかやりづらい。威厳はあるだろうが、実際の仕事はどうだろうか。

左金吾は、加役就任後、先手頭の同役三〇人ほどの前で、次のように挨拶したという。

「拙者、この度御加役を仰せ付けられました。先輩方の加役の勤め方は甚《はなは》だ宜しからず、各様《おのおのさま》の御料簡違いが多くございます。この度は拙者があらため相勤めます」

内心、そのように思っていたとしても、なかなか口に出せるものではない。しかし、左金吾は、遠慮会釈なく発言している。それでは、どのようにあらためようというのだろうか。左金吾の言うところを聞いてみよう。

「今までは、火付（放火犯）や盗賊を取り調べて御召し捕らえになっておりますが、それは

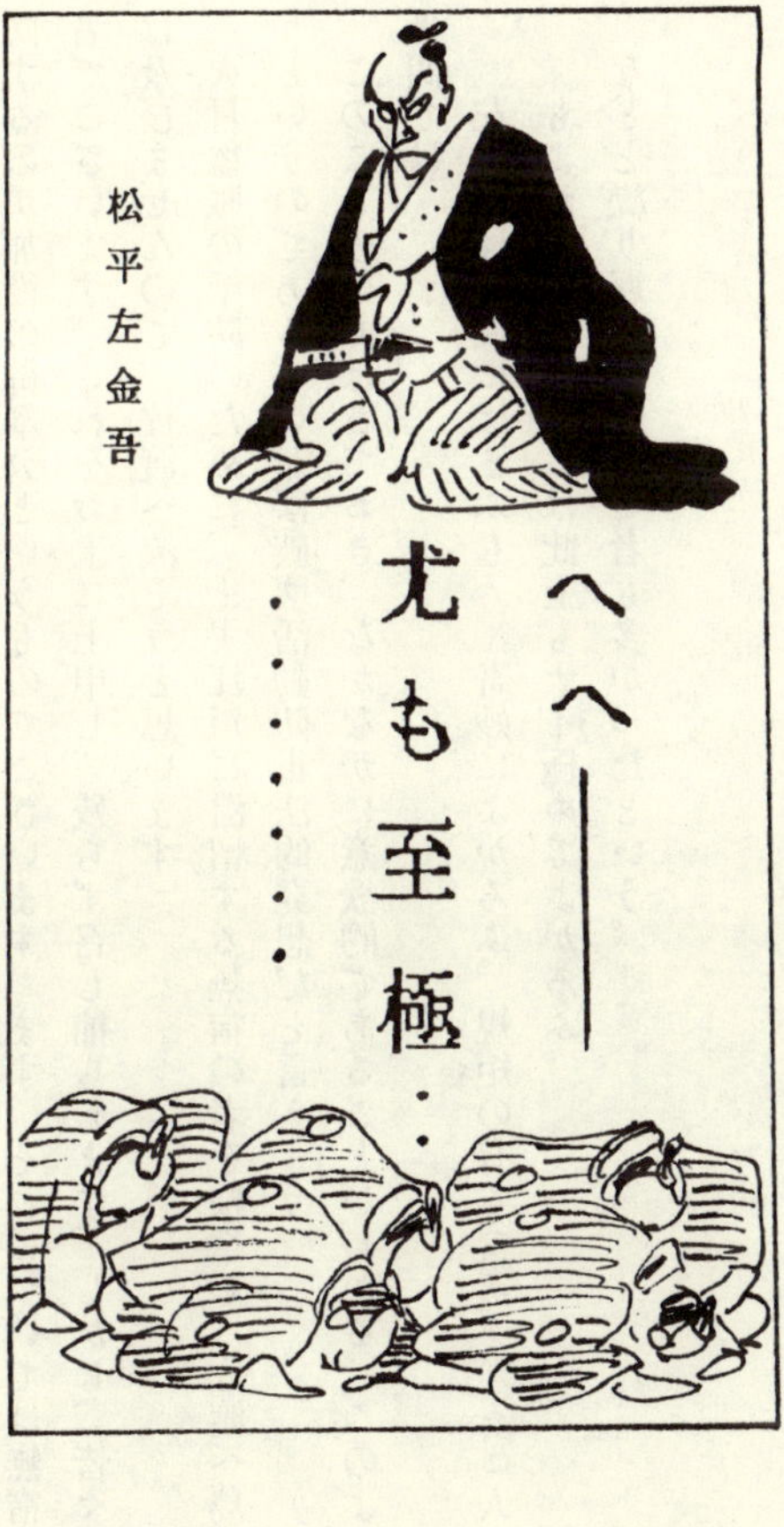
松平左金吾
へへ――
尤も至極……
…………

甚だよろしくありません。火付盗賊を致さぬ前に召し捕らえるのが第一に加役の心得であります。お膝元に火付盗賊がいるのは悪《あ》しきことなので、そのような悪党がないように予防するのが加役の御奉公というものでございます。まず、それについては無宿が甚だの悪者でございます。これをお上に上申し、残らず召し捕らえます。しかし、皆々首を切るには及びませんので、佐渡へ流そうと思います」

火付盗賊の予防のために、まず江戸に滞留する無宿の者を検挙し、佐渡へ島流しにしようというのである。いわば破壊活動防止法的発想だと言えよう。

このことの是非はさておき、なかなかに意欲的であることがわかる。このような姿に、世間では、

左金吾は加役にはどふも〳〵奇妙によかろふ。規矩《きく》の有る(道理を弁《わきま》えた)人だからどふもよかろふ。加役には此上もナイ極めてよかろふ。

などと繰り返し賞賛する者も多かったという。

左金吾、鬼平を発奮させる

まだ左金吾が火付盗賊改になる前、老中田沼意次の時代の最末期に、江戸で天明の打ちこわしと呼ばれる事件があった。米価高騰に怒った民衆が、米屋や富裕な商家を襲って打ちこわしを行ったのである。

その時、左金吾は、門前の町家へ夫食《ぶじき》（食べるための米）を送ったという。近隣の者へも配慮のある旗本であった。

また、近所の屋敷にも打ちこわしがあったという噂を聞くや、毎夜毎夜家来たちに、大小を抜きはなし、鑓《やり》の鞘《さや》をはずして大勢門内に控えさせ、「もし屋敷の門内に入る者がいればすぐに斬り殺すか打ち殺せ、鉄炮のほかはかまわないので、一人でも入ればそのように心得よ」と命じたという。これは、左金吾自身が城中で話したことである。

左金吾は桑名藩の分家筋であるから屋敷も広く、約八〇〇〇坪もあり、植木の趣味のよい庭があった。家も立派で、一万～二万石の大名もかなわないほどの規模だったという。

また、左金吾の差料《さしりよう》（大小刀）もなかなか凝ったものだった。縁頭《ふちがしら》は手向《たむけ》茶碗に、仏前に供える樒《しきみ》の花、目貫《めぬき》に位牌、鍔《つば》はしゃれこうべ、栗形《くりがた》が石塔、小柄《こづか》は名号《みようごう》（お経の文句）などがあしらわれていたという。まるで地獄からの使者である。

これほどの評判になると、自己顕示欲の強い鬼平こと長谷川平蔵の影も薄くなる。はたして次のようなことが言われている。原文のまま紹介しよう。

長谷川ハ追縦《ついしよう》ものニて一向文盲の由。中々左金吾殿とハ一トロにいふ人でハない。どふして左金吾に太刀打が成《なる》ものか。殿中で言合《いひあふ》たという沙汰が有が、どふして何の一トロにも聞かれる事でハナイ。（略）何として中々叶《かな》ふものでハない。長谷川が左金吾へ聞て勤るといふ沙汰が有と申候よし。

――長谷川はおべっか使いでまったく文盲だということだ。教養のある左金吾殿とは同等の口がきけるものではない。どうして左金吾に太刀打ちができようか。殿中で言い合いしたという噂があるが、まともな議論が成立するはずがない。（略）長谷川が左金吾にかなうわけがない。むしろ長谷川が左金吾へいろいろと教えを乞うてようやく役職を勤めているという噂まである、といわれています。

これは、左金吾贔屓《びいき》の者の発言だろうが、平蔵と左金吾ではもともとモノが違うとでもいわんばかりである。

左金吾は毎朝、明け七つ時から六つ時まで（夜明け前二時間ほど）江戸市中を巡回していた。町方では町奉行よりも評判がよく、「ゆくゆくは町奉行におなりになるであろう」と噂され

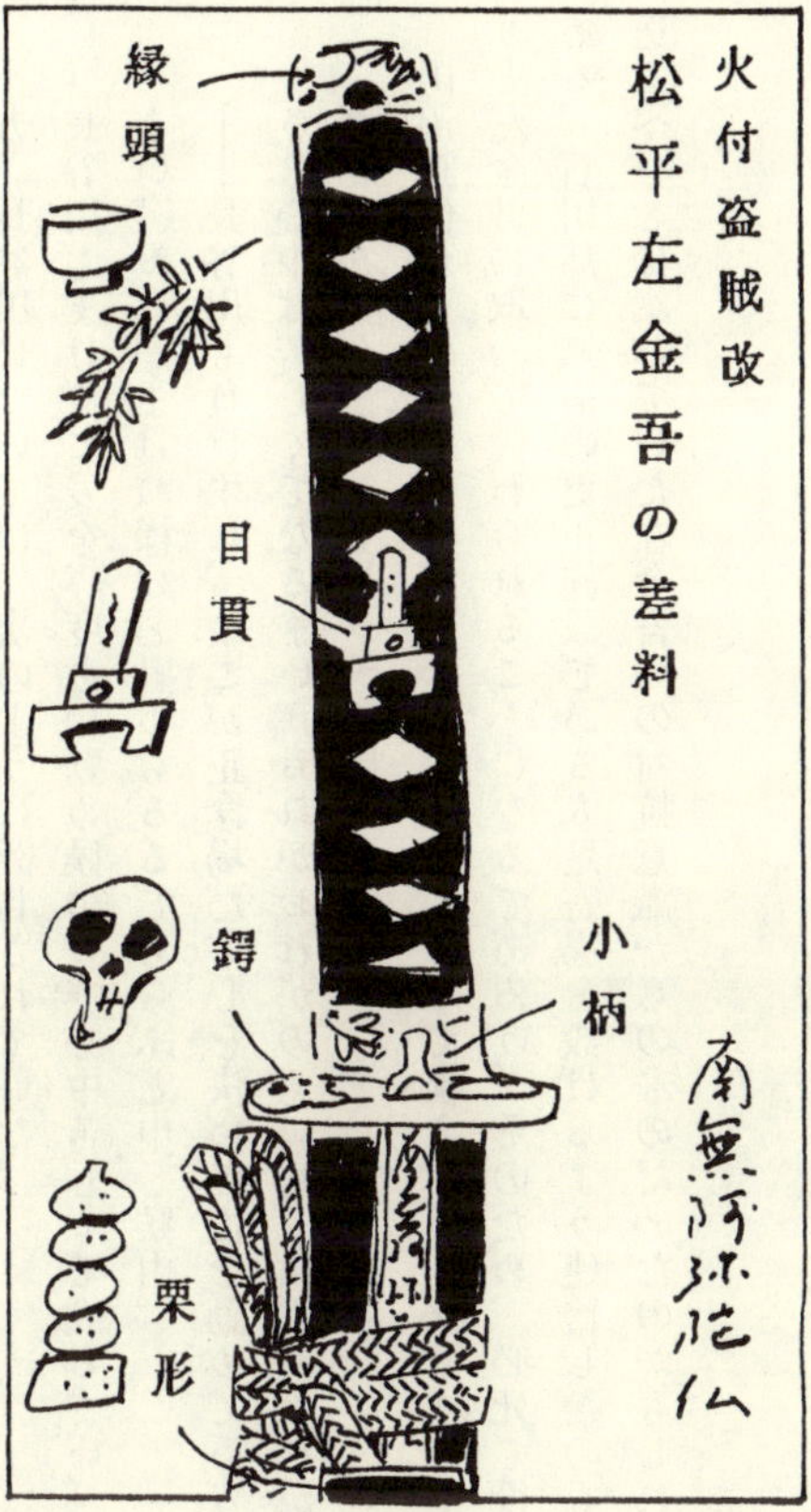
火付盗賊改
松平左金吾の差料
縁頭
目貫
鍔
小柄
栗形
南無阿弥陀仏

たという。寄合席で二〇〇〇石の上級旗本だから、これもあながちあり得ない話ではなかった。

一方、長谷川については、次のように評判されていた。

長谷川もまけずに爰《ここ》を専度《せんど》と相勤め候由。嘸《さぞ》心中苦しくて成るまい。おれが〱も出まい。おれがまけぬ様にと勤めらるるであらふと申し候由。

――長谷川も負けずに、ここが正念場だと心を決めて役を勤めているということだ。さぞ心中は苦しくてなるまい。おれがおれがの悪い癖も出ず、おれが負けぬようにと頑張って働くであろうという評判です。

田沼時代からの生き残りであった平蔵は、ここで働きぶりをアピールしないと、あっさりと左金吾に取って代わられることになるであろう。そのため、必死で役を務めたようである。石川島に無宿の更正施設である人足寄場を設けるよう建言したのも、無宿は佐渡に送るべしと提案していた左金吾への対抗意識からのものだったのかもしれない。

有能な人材が競った寛政期

鬼平こと長谷川平蔵とともに火付盗賊改を務めた松平左金吾は、平蔵をもしのぐ活躍ぶりであった。

寛政元年（一七八九年）正月には、左金吾組の与力・同心が田舎を巡回したところ、「至極《しごく》宜《よろ》しき取り計らい」で盗賊を捕らえたという。盗賊はそのまま宿送りで江戸に送られ、それまでの火付盗賊改役のように、田舎の富家から賄賂《わいろ》を取ることもなかった。これは左金吾が厳しく禁じていたからで、田舎では大喜びだった。

この年六月、松平左金吾に、江戸城からお召しがあった。火付盗賊改当分加役《かやく》を免ずるという仰せであったが、その時、次のようなお褒めの言葉があった。

加役中出精《しゆっせい》且つ与力・同心共骨折り相勤め候段、上聞に達し、御満足に思し召し候。

——加役中精を出して勤め、また与力・同心どもも骨を折って相勤めたこと、上様のお耳に入り、上様も御満足に思うとのお言葉があった。

将軍からお褒めの言葉を賜るというようなことは、火付盗賊改のような役には例がなく、左金吾も面目をほどこした。

火付盗賊改は、先手頭の兼任であるから「加役」と呼ばれるが、その中でも継続して勤める本役と冬季などの繁忙期に本役を補佐する当分加役があった。平蔵は本役であり、左金吾は当分加役であった。そのため、左金吾は期間満了のため加役を免じられ、それまでの勤務に関してお褒めの言葉をいただいたのである。

左金吾は「どふもむづかしく色々の事を言い出し」たため、同僚の先手頭は辟易《へきえき》していた。しかし、町方では人気が高く、左金吾の加役が終わったのを皆残念がった。

左金吾に押されがちであった鬼平は、なおいっそう職務に励んだ。『よしの冊子』には、次のように書き留められている。

長谷川平蔵至つて精勤、町々大悦の由、今でははせ川が町奉行の様にて、町奉行が加役の様に相成り、町奉行大へこみの由。

――長谷川平蔵は至って精を入れて役に勤め、町々では大悦《よろこ》びだということだ。今では長谷川が町奉行のようで、町奉行が加役のようになってしまって、町奉行はおおいにへこんでしまったという。

もう一人の鬼が退任したので、もともとの鬼が大活躍したのである。

本来、町奉行は江戸の最高責任者で、鷹揚《おうよう》に構えていればよかったのだが、何もかも長谷川に先を越され、これではかなわぬとぼやいていたらしい。平蔵の活躍が目立つので、

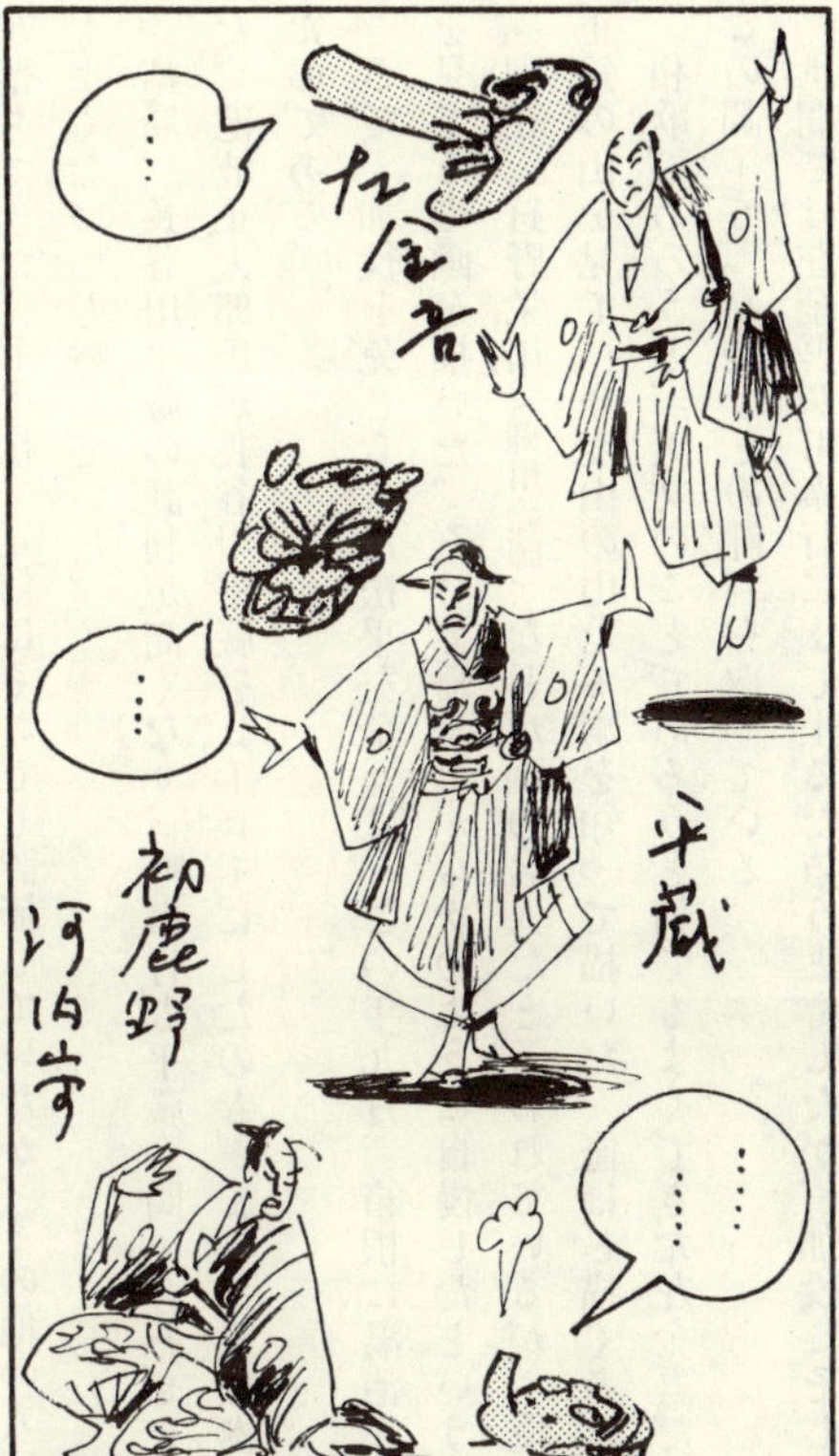
……
……
平蔵
初鹿野
河内守
……

彼を意識して出精して役を勤めなければならなくなったのである。

町奉行に任命されて当初は上々の評判を取った初鹿野河内守は、この頃には次第に評判が落ちてきた。老中松平定信はそれでも評価していたが、その他の人は、「あまり才のあるもよくない」と噂していた。

結局、長谷川平蔵の評判が高くなり、町奉行も平蔵へ問い合わせを行うようにまでなった。池波正太郎氏が長谷川平蔵をヒーローにしたのも、まったく根拠がない話ではなかったのである。

さて、加役を免じられた松平左金吾は、この年九月、箱根に湯治に行った。箱根では山を見てその画を描いた。そして帰ってから次のように自慢したという。

「現在、狩野栄川《えいせん》（御用絵師）などが画の名人だと言われているが、俺の画には及ばない。正銘の山を見て、今度山の山たる事を知って描いた。俺ほど描く者はいない」

和歌であろうと、天文のことであろうと何でもよくできた左金吾だったが、一事が万事この調子で「高慢」との評判を取っている。

世間では左金吾が町奉行にまで上るだろうと噂したが、加役こそしばしば命じられたものの、高慢な性格が災いしたためか出世はしなかった。

武士も人事に一喜一憂

寛政元年（一七八九年）九月七日、就任後二年を過ぎた老中首座松平定信が、人事異動を発令した。『よしの冊子』によると、「誠に近来の御出来也（本当に最近まれにみるよい人事だ）」と皆々感心するものだったという。

北町奉行初鹿野河内守は留任だったが、影の薄かった南町奉行山村信濃守《しなののかみ》（良旺《たかあきら》、五〇〇石）が、御三卿の清水家の家老に転出し、清水家の家老だった岡部河内守（一徳《かつのり》、五〇〇石）は西の丸留守居に異動した。

そして注目の南町奉行には、京都町奉行の池田筑後守《ちくごのかみ》（長恵《ながしげ》、九〇〇石）が昇進して来た。エリートコースに乗った旗本の目標は、町奉行か勘定奉行になることであった。現在で言えば、東京都知事か財務大臣である。その上は、大名の監察にあたる大目付であるが、これは町奉行などを務めた旗本が就く名誉職といった色合いが強い。西の丸留守居は、武家女性の関所手形の発行と大奥の取り締まりぐらいしか仕事がない閑職である。しかし、格は高い。

この人事について、幕府内部のことをよく知っている者は次のように評論した。

「清水の御家老岡部河内守は、町奉行山村のやり場がないから、西丸留守居に追われたのだろう。そうでなければ、まだ清水でぐずぐずしていただろう。山村も、凡庸ではあるが、御旗奉行にやるほどの咎《とが》はなく、大目付にやると西下（松平定信）でひいきなされたようでいかがかと思う。清水家に遣わされたのがちょうどよいあたりだ」

寛政改革を主導した松平定信は、西の丸下に屋敷があったので、「西下《せいか》」と呼ばれている。こういう評論を見ると、幕府の役職が、当時どのように見られていたかがよくわかる。西の丸留守居は老齢でなければ左遷という意味合いが強く、現在の相談役とか監査役といったところである。

御旗奉行は、戦場では晴れがましい役だが、この頃には名誉職というだけの役で、町奉行からだと左遷である。大目付は、町奉行を立派にやり終えた者が褒美の意味で就く役で、山村ではその資格がないらしい。

清水家の家老については、「山村も町奉行よりも二段程も席上に相成り候に付、一寸《ちよつと》聞き候へば宜《よろ》しく候へども、五百石減じ候と申す所にて」と言われている。

つまり、将軍の控えの家である清水家の家老は、町奉行よりも二段ほど席次が上であるが、実入りは五〇〇石もの減少となる役職だというのである。

さて、新しい町奉行池田筑後守の評判は、次のように上々である。

暴虎なる人物なれ共、此節は京町奉行池田筑後守、年も取り、且つ上が上ゆへおとなしくならねばならぬ。それで町与力・同心などの我ままをひしぎ付けるには至極よかろふ。

池田は、非常に粗暴な人物だったが、年も取ったし、なにしろ中央に松平定信がどんと座っているので、おとなしくせざるを得ないだろう、との観測である。しかし、配下の与力や同心には厳しいに違いなく、彼らの我がままを押さえるには適任だった。

人によっては、「池田は年来人望があり、町奉行になったのが遅いくらいだ」と言う者もいた。「評判のよかった初鹿野河内守も人望を失ったので、池田も自分の評判には気をつけなければならないだろう」とも言われている。町奉行は、口さがない江戸の庶民が注目する役だけに毀誉褒貶《きよほうへん》にさらされる。

さて、この人事を苦々しく思っていた人物がある。いわずと知れた鬼平である。

長谷川平蔵は町奉行を望み居り候処、池田になられ鼻を明かし申すべきよし。

庶民の評判がよい平蔵は、次こそ俺がとねらっていたのだが、池田になられて鼻をあかされた。スタンドプレーの多い平蔵は、上司や同僚のうけがあまりよくなく、冷や飯を食わされたのである。

新・南町奉行
元・京都町奉行
池田筑後守
おかわりは？
いるか！
冷や飯を喰ふ平蔵

史料に残る鬼平の名裁き

池田筑後守に町奉行の座をさらわれた長谷川平蔵は、どうして人のうけがよくなかったのだろうか。たとえば、こんな話がある。

平蔵が、湯島（現、東京都文京区）で直に泥棒を一人捕らえた時、自身番（町ごとに設けられた番所、家主たちが交代で詰める）へ預けて言った。

「明日までに俺の屋敷まで連れてこい。もし今夜火事でもあって混雑ならば、逃しても其方どもを咎《とが》にはしない」

そして、泥棒に向かって、「そっちは手拭いを持っているか」と尋ねた。

「持っておりませぬ」と泥棒が答えると、平蔵は供の者にその近所で手拭いを一筋買ってこさせ、言った。

「あした日中手拭いもかぶらず俺の所へ牽《ひ》かれてくるのもせつなかろう。これをやる」

庶民にはさすが平蔵様といったところだろうが、『よしの冊子』では、次のような評判が書き留められている。

長谷川は仁政の安うりをするとさた仕《つかまつ》り候由。

このような慈悲心はスタンドプレーに見え、「仁政の安売り」とまで言われたのである。

しかし、上司や同僚の評判は悪くても、町方の庶民の評判はすこぶるよい。

長谷川平蔵、町方にて、今迄にこれなき御加役《ごかやく》だと悦《よろこ》び、怪《け》しからずじひ深い御方じゃと悦び候由。

――長谷川平蔵は、町方にて「今迄にない（よい）御加役だ」と悦び、「たいへんに慈悲深い御方じゃ」と悦んでいるということです。

同じ頃、次のような話も伝わっている。

平蔵組の同心が、召し捕らえた盗賊を誤って逃がしてしまった。重罪を犯した盗賊だったので、逃がしてから三〇日を過ぎるまでに捕らえないと、その同心は暇を出されることになる。ところが、二〇日ほど過ぎた頃、その盗賊がその同心の家へひょっこりと姿を現した。

「私は、この前逃げた者でございます。いったん逃げてはみたものの、重罪の私でございます。またまた町奉行などの手にかかって捕らえられることもあるかもしれません。御憐《れん》愍《びん》深い平蔵様の御事ですから、外の御手に逢うのは残念なことで、それよりはこの方様の御慈悲深い方へ立ち戻りますが宜《よろ》しいと思い付きまして参りました」

そして、また次のようにも言う。

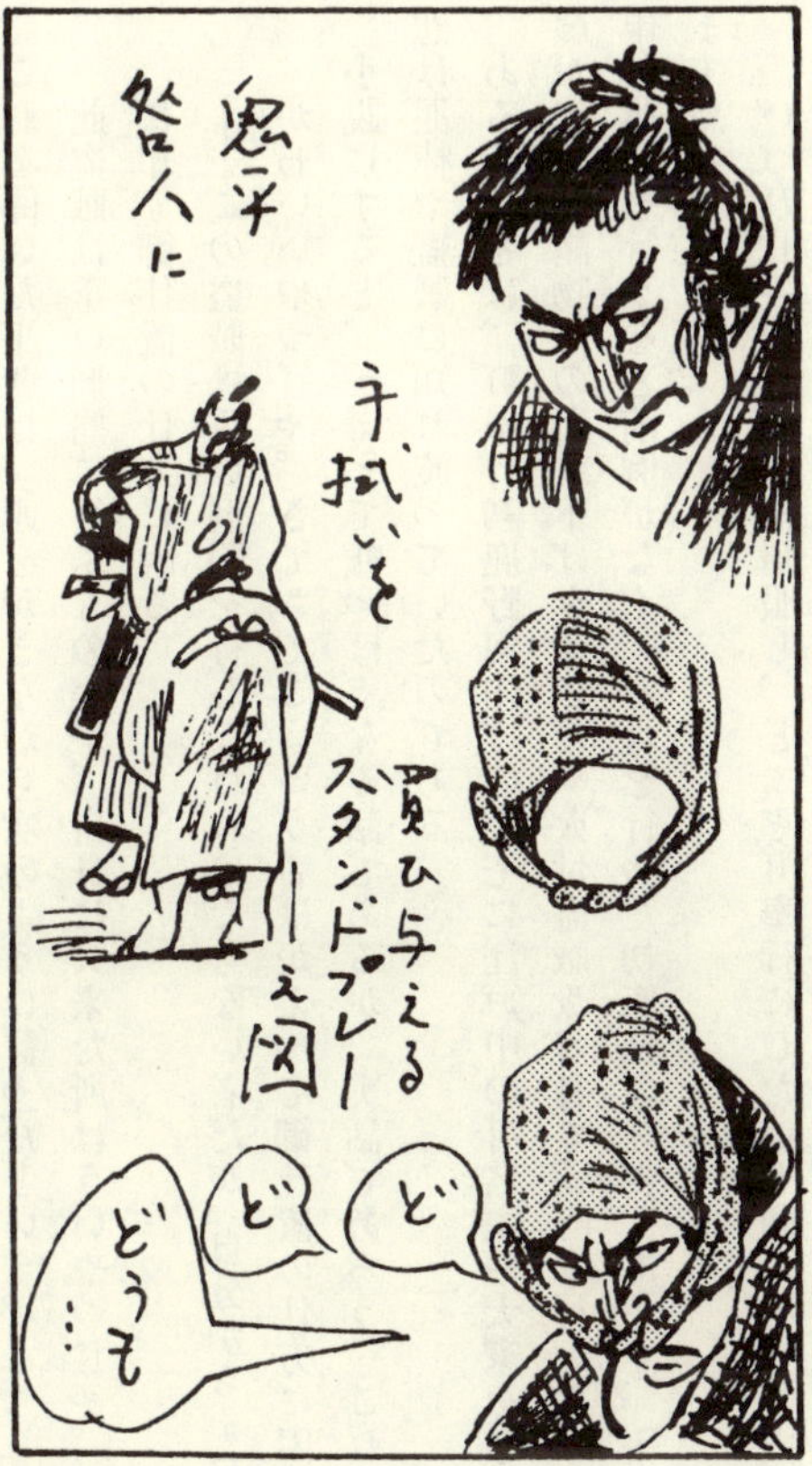
鬼平
咎人に
手拭いを
買ひ与える
スタンドプレー
え図
ど
ど
どうも…

「その逃げました時に、縛られながら逃げましたから、その縄をば大切に致しまして持って参りました。この縄をなくさないようにと、たいへん心遣い致しました」

これを聞いた平蔵は、頭をかきながら次のように言ったという。

此盗賊は重い刑罰に行ふものだが、自身に又来た所はういやつじゃ。扨々《さてさて》かふいふ者に却《かへっ》て御仕置の仕方に困る。

――この盗賊は重い刑罰を行わなければならない者だが、自分からまた来たところは、かわいいやつじゃ。さてさてこういう者はかえって御仕置の仕方に困る。

小説にすると、かえって嘘っぽくなる話であるが、実話であろう。これほどに平蔵の慈悲は泥棒や盗賊に知れ渡っていたのである。

ある時などは、町奉行初鹿野河内守の役宅に江戸中の町名主や大家を呼び、初鹿野と平蔵が出て、諸物価の引き下げを命じた。火付盗賊改の身で、町奉行とならんで町名主らに申し渡しを行うなど前例がなく、それを行った初鹿野の評判もあがり、平蔵待望論はますます高まった。

いづれ長谷川町々一統帰服し、どふぞ町奉行にしたいと願い居り候由。

町方一統が平蔵に心服し、ぜひ町奉行に、という彼の人気の程が知れるが、その後の幕府の仕打ちはひどいものだった。

紛糾した北町奉行の後任人事

寛政三年（一七九一年）一二月二〇日、北町奉行初鹿野河内守が死んだ。享年四八とまだ若い。中風の発作だということであったが、実は御役筋に不首尾なことがあり、切腹を命じられたとのもっぱらの噂だった。

後任の町奉行についても色々と観測された。当時、江戸で最も人気があったのは、言うまでもなく火付盗賊改の長谷川平蔵である。彼は、町奉行の万年候補であった。

平蔵の対抗馬として下馬評に上ったのは、松本兵庫頭《ひょうごのかみ》という者だった。兵庫頭は、諱《いみな》を秀持という。お目見え以下の家から御勘定に進み、勘定組頭、勘定吟味役と昇進し、安永八年（一七七九年）には勘定奉行まで立身し、知行も四〇〇石加増されて五〇〇石となった。しかし、天明六年（一七八六年）に罪を得て、小普請に貶《おと》され、逼塞《ひっそく》を命じられている。

この兵庫頭が、側用人本多忠籌《ただかず》に差し上げた上書（意見書）が老中たちの眼鏡にかない、抜擢されるという噂であった。

ただ、兵庫頭は、処罰歴があるということでよくないという意見もあったが、老中首座

松平定信は、

「以前は使った人(田沼意次)がよくなかったので、兵庫頭も山師のように言われたが、もともとが才子なので、よいも悪いも使い方次第なのだ」

と気に入っているという。

奉行は空席のまま寛政四年に入り、世間の噂はますますかまびすしい。次に下馬評に上ったのは、小普請の組頭から目付に進んでいた中川勘三郎と勘定奉行の根岸肥前守《ひぜんのかみ》(鎮衛《やすもり》、五〇〇石)である。

根岸は、有名な随筆『耳嚢《みみぶくろ》』を残している。彼は、蔵米一五〇俵の御勘定から勘定組頭、勘定吟味役と進み、天明四年三月佐渡奉行、同七年七月には勘定奉行へと昇進し、五〇〇石に加増された叩き上げの旗本である。結局、この時は現職の勘定奉行であったためか見送られた(のち寛政一〇年一一月になって町奉行に転任)。彼の勘定奉行在任は前後一二年に及ぶから、寛政期の幕閣によほど信頼されていたのだろう。

もう一人の中川は、まだ目付であった。年齢は三九歳に達していたが、遠国奉行も務めておらず、町奉行に抜擢されるには経験不足である。

江戸の噂は的確である。この下馬評については、次のように噂された。

尤《もっと》も根岸は公事《くじ》も相つとめ、随分宜《よろ》しくこれあるべく候へども、中川はまだ町奉行と

町奉行後任
松平定信
中川勘三郎
松本兵庫頭
根岸肥前守
長谷川平蔵

いふきりやう（器量）ハ有るまい。其上、超遷《ちようせん》ナ事、且つ御目付にてもいろ〳〵当時かかり多く候て、手のぬけられぬ時だに、まだ仰せ付けられは有るまいとさた仕り候由。

――もっとも（現在勘定奉行の）根岸は公事（裁判）も行っているから、随分とよい人事になろうが、中川はまだ町奉行を務めるだけの器量はあるまい。その上、それではあまりな大抜擢で、しかも御目付の職務も現在忙しい時期で、手を抜けない時期だから、まだ町奉行の仰せ付けられはあるまいと噂しているということです。

中川が定信のお気に入りであったことは確かで、翌年三月には定信に付いて伊豆、相模、武蔵等の海浜を巡行している。そして定信失脚後も、同七年二月、長崎奉行、同九年二月、勘定奉行兼関東郡代と昇進を続ける。

結局、町奉行は、小田切土佐守《とさのかみ》という者になった。小田切は当時大坂町奉行、諱を直年といい、知行三〇〇〇石を領する大旗本である。経歴も、西の丸書院番士から使番、小普請の組頭を経て天明元年（一七八一年）五月駿府町奉行、同三年四月には大坂町奉行となっていた。

幕臣の経歴を集成した『寛政重修諸家譜《かんせいちようしゆうしよかふ》』によると、寛政二年正月二〇日、長崎で密貿易品を糺《ただ》したことによる時服《じふく》三領を賜っているから、それが評価されたのであろう。こうして平蔵は初鹿野河内守の後任の座から漏れてしまったのだった。

庶民も同情した鬼平の不遇

北町奉行初鹿野河内守の後任の座は、長谷川平蔵の手から漏れていった。職務に励み、ようやく垂涎《すいぜん》の町奉行が手の届くところに来たのに、サラブレッドのキャリア官僚が脇から出てきて職をさらっていくのでは、平蔵もやりきれないだろう。

しかし、これにくじけず、平蔵は職務に励んでいく。

本所（現、東京都墨田区）に、田沼浪人を称する剣術の師匠がいた。日頃、近辺へ米銭を施していたので、近所の者も賢人だとして崇《あが》めていた。ところが、平蔵は、この浪人を召し捕らえた。堺町の役者たちが博打をしていたところに平蔵が踏み込み、一緒に捕らえたのである。穿鑿《せんさく》したところ、その浪人が首魁《しゅかい》であった。

また、寛政三年（一七九一年）暮れの火事の時も、立派な衣を着た和尚と堂々とした武士が話しているのを馬上の平蔵が見とがめ、捕らえさせたところ、この二人は大盗っ人であることが判明した。

火事の後にも、屋根屋と称して火事場へ来て、普請の相談などをしている盗っ人を捕らえた。

このような功績を目の当たりにした庶民は、次のように評判した。

アレ程の御人に御褒美御加増も下されぬハ余りナ事だ。公儀も能《よく》ない。何ぞ御ほうびが有そふナものだ。尤《もっと》も外へ御転役でハ跡が有まい。永く今の御役を御勤めなされ候様にしたいものだ。

——あれほどの御人に御褒美御加増も下されぬというのはひどい仕打ちだ。公儀（幕府）もよくない。何か御褒美があってもよい。ただし、外へ転任するのでは、後任を務める者があるまい。永く今の御役を勤めてほしいものだ。

このように、庶民の評判はこの上なくよく、実績と経験なら誰にもひけをとらなかった平蔵だったが、「御役人之方にては、とかく長谷川をバ憎み候て、彼是《かれこれ》申し候」ということだった。「御役人之方」のうけが悪かったのである。

特に、老中首座松平定信が平蔵を嫌っていた。定信の日記『宇下人言』では、他の者はフルネームで記しながら、平蔵のことは「長谷川何がし」とか「長谷川」と呼び捨てである。

平蔵は、無宿の者の収容施設である人足寄場の設立を献言し、実現させた。寛政二年二月一九日には、人足寄場取扱を兼任することにもなった。彼は、この授産施設が軌道に乗るよう精魂を傾け、時には私財をも投入して援助した。

町奉行
ダメ
ダメェ〜〜
人足寄場取扱の加役
松平定信
忽平
ハンカチよ
…

しかし、寛政四年六月四日、平蔵は、人足寄場取扱の兼務を解かれることになる。新設の寄場奉行には大した格が与えられなかったから、負担の軽減と考えればよいのかもしれないが、『よしの冊子』では次のような世評が報告されている。

長谷川金五枚下され、寄場取扱御免、大いに勢いを失い申すべき由、長谷川も寄場に自腹を切る物入れ候よし。尤も是も術にはこれあるべく候へ共、アレ程骨を折た者を、御加増か御役替でも有りそふナもの、かわいそふに五枚計《ばかり》ではむごいとさた仕り候由。

――長谷川は金五枚を下賜され、寄場取扱を御免になり、大いに勢いを失うであろうということだ。長谷川は、寄場のために自腹を切ったりもしていたらしい。もっともこれも（売名の）術ではあるだろうが、あれほど骨を折った者をただ解任とは。御加増か御役替でもあってよさそうなものなのに、かわいそうに金五枚ばかりでごまかされたのではむごいと噂されているということだ。

平蔵に対する幕閣の処置は、あまりに冷たい。普通なら父のように遠国奉行に転任するはずなのだが、平蔵にはついにそんな日は来なかった。

鬼平が尽力した人足寄場の設立

長谷川平蔵が設立した人足寄場は、無宿の授産施設である。

一八世紀後半の田沼意次の時代は、浅間山の噴火や天明の大飢饉など天変地異が続き、江戸では大規模な打ちこわしが起こった。このような社会不安の中、幕府は、関東農村から江戸に流入した無宿と呼ばれる難民の処理に手を焼いた。

無宿の「宿」は家のことで、家がないというのは人別帳をはずれた者ということである。江戸時代には、菩提寺の寺が作成する「宗門人別改帳」が戸籍の役割を果たしていた。勝手に村を出て一定期間がすぎると、人別帳から除籍される。これを「帳外れ」といい、その者を無宿という。

江戸に出た無宿は、雑業に従事してその日暮らしの生活を送るが、多くは乞食同然に落ちぶれていく。これらの人々の存在が、江戸の社会不安をさらに高めていた。

松平定信の日記『字下人言』に、人足寄場の設立について、次のような貴重な記事がある。

享保之頃よりして、この無宿てふもの、さま〲の悪業をなすが故に、その無宿を一《ひと》囲《かこい》に入れ置き侍《はべ》らばしかるべしなんど建議もありけれど、果さず。その後、養育所てふもの、安永の比《ころ》にかありけん、出で来にけれど、これも果さず。こゝによつて志ある人に尋ねしに、盗賊改をつとめし長谷川何がしこゝろみんといふ。

――享保の頃からこの無宿という者が、様々の悪行をなしたため、その無宿を一箇所に集めて収容すればよいのではないかなどという建議もあったけれどもできなかった。その後、養育所というものが、安永の頃だったかに発案されたけれども、これもできなかった。そこで、志ある人に尋ねてみたところ、盗賊改を務めていた長谷川何がしという者がやってみたいという。

無宿の増大は、懸案の事項で、定信が幕臣に諮問してみたところ、平蔵が名乗りをあげたのである。火付盗賊改を務める彼が、盗賊の元を断つために、このような施設の必要性を痛感していたことは理解できる。

そこで、石川大隅守《おおすみのかみ》の屋敷裏にある葭沼《よしぬま》一万六〇三〇坪を御用地とし、そこを整地し建物を建てて無宿を収容した。石川大隅守屋敷は現在の石川島で、後にここも人足寄場に編入される。佃煮で有名な佃島は、その先である。

収容された無宿は、縄ないや米撞《つ》きで金をかせいだ。ただしそれでは不足なので、幕府から米七〇〇俵・金五〇〇〇両を毎年支給した。

定信は、この人足寄場設立の効果を次のように述懐する。

これによりて、今は無宿てふもの至《いたっ》て稀に、已前《いぜん》は町々の橋ある処へは、その橋の左右につらなりて居しが、今はなし。こゝによて盗賊なども減じぬ。

――人足寄場の設立によって、現在は無宿という者がいたって稀になった。以前は、町々の橋がある所には、その橋の左右に無宿がずらっと並んでいたが、現在はいない。これによって、盗賊なども減った。

いわば政府が、ホームレスの人をある一区画に強制収容して、仕事を与えたわけである。寄場では、仕事をするだけではない。平蔵は、無宿の教化が必要だと建言した。そこで定信は、庶民に人気のある心学を採用することとし、すでに心学の大家として名高かった中沢道二《どうに》を登用した。

後に、寄場では照明用の菜種油の生産作業も行われた。この油絞《あぶらしぼり》は、後に年間金八〇〇両にも及ぶようになった。その労賃は、製品売却代金の二割を道具代などとして差し引いて渡し、三分の一は強制的に貯金させて、出所の時に与えた。

現在から見ると、強制収容は予防拘禁であり、寄場での生活は事実上の懲役刑であるが、平蔵としては無宿の更生を目的としていた。ただし、これは平蔵や幕府の目論見通りには運ばなかった。

そのひとつの理由に、無宿たちの労働力としての質の悪さがある。水野為長の『よしの冊子』には、無宿たちに手を焼く平蔵の姿が見える。

たとえば、無宿を囲いの外に出して土を運ばせる仕事をさせると、

「おれらは公儀の御人足だ」

と言って、付近の百姓をいじめる。紙を漉《す》かせても出来が悪く、内々に江戸の町人を頼んで漉かせざるを得ないほどだった。

無宿たちが竹橋の内の空き地にある御蔵へ行って作業をした時などは、勘定所の役人が作成した書類の反故《ほご》を勝手に切り裂いて寄場に持ち帰った。反故は売ればいい金になったからである。

宰領（同行の監督者）の同心が咎めても、無宿たちは、

「どんな事をしても高々首が落ちるばかりだ。首の落ちるのをこわがってはならぬ」

などと気にとめない。監督の同心も困り切った。

「なるほどあれでは長谷川も手にあまるであろう」

というのが、町方の者の無宿に対する見方だった。

寄場の監督業も難儀だった。平蔵の組の同心は、味噌まで持参して寄場に行き、二〜三泊してようやく帰ってくる。しかし、翌朝にはすぐにまた寄場へ行くため、平常の業務が

人足寄場
無
宿

できない。

また、同心たちに与えるべき扶持方《ふちかた》（手当）はほとんどないに等しかった。火付盗賊改（つまり平蔵）一人分にしか手当は付かなかったのだ。これでは金銭的にも続かない。そのため平蔵は、その部下たちへの手当を自腹で捻出せざるをえなかった。

平蔵が銭相場に手を出して儲けたのも、部下への手当のためだった。それがかえって悪評につながったのだから、気の毒である。

鬼平が下した寛大な判決

寛政四年(一七九二年)、人足寄場取扱を罷免された長谷川平蔵は、盗賊の捕縛や裁判に専心した。この時期、平蔵が行った裁判の判例が、『御仕置例類集』という江戸幕府が編纂した書物に多数残っている。

寛政五年のことである。武州下小岩村(現、東京都江戸川区)甚右衛門の地借《じがり》(土地を借りている者)清助が博奕を行って逮捕された。この清助が日頃博奕を行っていたのは、武州葛飾郡奥野宮村で煮売渡世(食堂経営)をしているきせという女の家である。きせの息子の幸右衛門も、博奕の常連だった。

次の史料は平蔵の判決案の現代語訳である。

「右の者は、悴《せがれ》の幸右衛門が、自宅で日々博奕していたのに、酒や食事を出して商売しているので、酒を飲みに来ているだけだろうと思っていたと供述している。博奕をしていた者は、居宅の内を仕切っている小部屋にずっと引き籠もっていたので、博奕をしているということには全然気づかなかったという。しかし、そのように連日人が集まって来ていれば、少しは変だと思ってもよいはずなのに、全然気づかなかったということは、平日の注意の不行き届きである。そこで博奕が行われていたことも知らなかったというのは『不念《ぶねん》』に相当するので、急度《きっと》叱りを命じる」

煮売屋を営んでいるきせの息子が、自宅の小部屋を賭場に提供しており、そこで連日賭博が行われていた。平蔵は、その母親の注意義務違反を問題とし、急度叱りに処したのだった。

「急度叱り」とは、文字通りその者を叱ったもので、現代人には痛くもかゆくもないかもしれないが、当時にあってはその者の面目を失わせるそれなりの刑罰であった。

判決文の「不念」というのは軽い罪に対する表現で、もっと軽微な罪だと「不束《ふつつか》」、不念より重いと「不埒《ふらち》」、重罪だと「不届」と表現される。「不届」と表現されると、遠島以上の刑が待っている。

なにやら、以前に話題となった某大女優宅での、次男の覚醒剤所持事件のような話である。博奕に気づかなかったというきせの証言はあまりに疑わしいが、平蔵はそこを深く穿《せん》鑿《さく》することはせず、「気づかなかったとしても、それは注意不行き届きだ」と母親を叱ったのだから、温情判決だと見ることができよう。

それでは、博奕を行った者の罰はどのようなものだったのだろうか。本件の清助や幸右衛門に対する判決は残されていないが、八代将軍吉宗が制定した体系的な法令集である

不急
不束
不埒
不届
鬼平

『公事方御定書《くじかたおさだめがき》』には、博奕の罪科について、次のように規定してある。

博奕打ち候もの。

家財・家蔵取り上げ候程之過料、家蔵これ無きものハ、五貫文或ハ三貫文の過料。

博奕を打った者には、全財産を取り上げるほどの処罰を下すというのである。しかし、それではあまりだということで、この頃は重敲《じゆうたたき》に処すことになっていた。おそらく清助等も、この重敲であっただろう。これは、竹片二本を革で巻いたもので一〇〇叩く体罰である。

火付盗賊改の平蔵は、検挙した者に対して裁判も行ったが、最終的な判決は老中に伺う必要があった。平蔵の判決を子細に見ていくと、量刑は比較的軽い。それを幕府の奥右筆《おくゆうひつ》(老中の秘書)が、厳しい量刑に改めている例が多いのである。つまり平蔵は、犯罪人の立場に立ち、より寛大な処罰で済ませようとしていたと推測される。

そのような平蔵の傾向は、庶民にも知られていたと見えて、『わすれのこり』という随筆には、「賞罰正しく、慈悲心深く、頓知《とんち》の捌《さば》き多し。(中略)人々今の大岡殿と称し、本所の平蔵様とて世にかくれなし」と評判した。享保期の町奉行大岡越前守忠相と並び称されているほどだったのである。

虎の威を借り嫌われた左金吾

加役（火付盗賊改）を命じられた途端に、鬼平や同僚をへこました松平左金吾は、ますます意気軒昂であった。

左金吾の押し出しの強さは、もちろん本人の性格によるものだが、二〇〇〇石という本人の知行高、大番の頭《かしら》まで出世した父定蔵《さだくら》の地位も無視できない。しかし、それ以上に、老中首座松平定信と遠縁の関係にあったことが大きかったようである。

寛政二年（一七九〇年）三月、同役を訪問した左金吾は、鰹《かつお》の塩辛を手土産に持参し、

「是《これ》は西下《せいか》の御手製だ」

と言って差し出した。

「西下」すなわち松平定信の御手製の塩辛だというのである。

この行動に、『よしの冊子』は次のような評判を書き留めている。

西下御領分白川に八海八なし。越後から出るかしらぬが、西下でどふして鰹の塩辛などが出来る物か。左金吾殿もやつぱりひからせるのだろふ。しかし献残《けんざん》でも西下から遣わされたろふが、それを直に御手製とこしらへたのだろふと申し候沙汰。

――西下（松平定信）の御領分白河（現、福島県白河市）には海はない。越後からなら出るかもしれぬが、西下でどうして鰹の塩辛などができるものか。左金吾殿もやっぱりひからせるのだろう。しかし献残（大名などから献上されたものの残り）でも西下から遣わされたことは嘘ではなかろうが、それを（定信が）直に御手製になったと、（作り話を）こしらえたのだろうという噂です。

この現代語訳のうち、「左金吾殿もやっぱりひからせるのだろう」というのは、定信の七光りを光らせるということで、左金吾が定信の威を借りているため、評判を落としているのである。確かに、自分自身の了見で強い態度に出るのなら感心もするが、結局は遠縁の権門頼りというのでは、見損なった気がする。

左金吾は、この頃から、次第に定信の権威を借りる物言いが多くなる。『よしの冊子』の寛政二年一〇月には、次のような記事が見える。

「松平左金吾は、同役中と話している時など、なにかといえば『越中、越中』と口にし、御役向きの事など話し合いがあれば、『越中へ内々中し聞くべく』と言い、一々定信を笠に着ているので、同役中ははなはだ恐れ、困っているということです」

越中とは、言うまでもなく松平越中守定信のことで、左金吾はこのように定信の威を笠に着て同役を恫喝《どうかつ》するようになったのである。また、他の組の与力などを「横柄《おうへい》じゃ」な

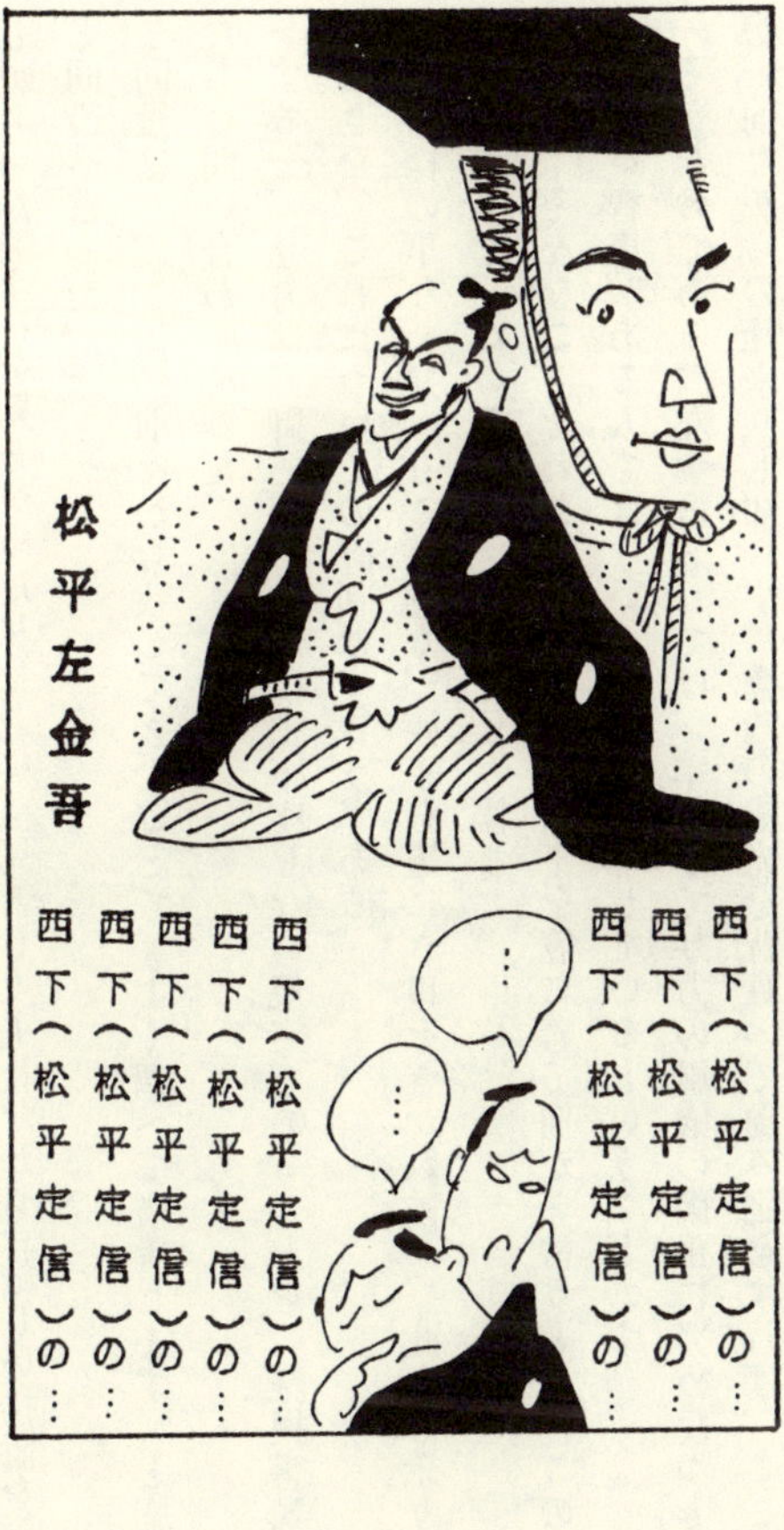
松平左金吾
西下（松平定信）の…
西下（松平定信）の…
西下（松平定信）の…
…
…
西下（松平定信）の…
西下（松平定信）の…
西下（松平定信）の…
西下（松平定信）の…
西下（松平定信）の…

どと叱ることもあるので、与力たちも左金吾を嫌うようになった。

ある時、老中たちが登城した際、与力たちが土下座をせず、薄縁《うすべり》の上へ蹲踞《そんきょ》していたことがあった。これを見とがめた左金吾は、「見苦しく失礼だから、厳しい措置をとるべきだ」と同役へ言った。

同役は、「これは、前々から致してきたことで、よく調べて措置します」と応答し、与力たちに問い合わせてみた。

すると、与力は、御三家のほかは土下座しない規定であることを、証拠書類とともに示してきた。これについての評判は、こうである。

右様の事など弁《わきま》へもこれ無く、西下を笠にきロをきかれ候ハ、此人も余り深い智恵の有る人でハないそふナ、とさた仕《つかまつ》り候よし。

——そんなことをわきまえもせず、西下を笠に着て何かと言うとは、この人もあまり深い智恵がある人ではないようだ、と噂しているということです。

そうなのである。左金吾としては、率先して与力の風儀の粛正に努めたつもりであろうが、前々からの仕来りも知らず、権門の威光を背負って勇み足をすれば、ここぞとばかりにたたかれるのは当然であった。

寛政の改革にユーモアで耐える

江戸時代の人は、苦しいことがあってもしゃれで乗り切るだけのたくましさがあった。そのユーモアのセンスを紹介しよう。

松平定信が老中に就任して、世の中の奢《おご》りを戒め、武芸を奨励するようになった。有名な狂歌に、「世の中に　蚊ほどうるさきものはなし　ぶんぶ（文武）といひて　夜も寝られず」というのがあるが、この頃はやった落とし話にはもっと傑作なものがある。

七福神の福禄寿と寿老人が、

「今度、越中殿（松平定信）が御老中になったから、世間でみんな奢りが止んだが、まだおらが仲間の弁天やえびす、大黒はどうも奢りてならねえ（贅沢すぎる）。今から意見しに行こう」

と、弁天のところへ行き、

「おのしやあ（お前は）御時節柄だから、琵琶も止《よ》しにしやれ。芸者などをあげて騒ぐのも止しにするがいい」

ときつく諫《いさ》めた。それから、えびす、大黒の所へ行こうと弁天の家を出た。

すると、横町から、えびすと大黒の二人が連れだって来た。

「これはええ所で逢った。今おのしらの所へ行こうとしていたのだが、どこへ行きやる」

「毘沙門《びしゃもん》のところへ行って、鑓《やり》の稽古をした帰りさ」

武芸とは無縁の彼らさえ、鑓の稽古をしたというのがおかしい。定信の威令が神さまにまで行き渡っていたのだ。

一方、旗本たちのなかには、新たな権力者に摺《す》り寄ろうとするものも出てきた。そこで、またこんな落とし話がある。

ある旗本が、吉原へ遊びに行き、

「これ、おらが形《な》りを見やれ。袖口も小さく羽織も短く、帯も黒こはくで、みな越中様風だ。是《これ》が今の通人というものだ」

などと自慢しながら床へ入った。すると、それを見ていた遊女が言った。

「おやおや、ふんどしまで」

定信の官位である「越中守」と越中フンドシをかけたお笑いである。

少し説明を加えておくと、田沼意次の時代の旗本は奢侈《しゃし》に流れ、しゃれたファッションに身を包んでいた。その象徴が袖口が広い小袖と長い羽織であった。帯も黒色の琥珀《こはく》織などではなく、派手なものが流行していた。件《くだん》の旗本は、そのような流行の姿を止め、地味な定信風にしたのである。

こんな話もある。江戸城に富士見御宝蔵《ごほうぞう》という宝物を入れた蔵があり、それを管理したのが富士見宝蔵番の頭《かしら》である。宝蔵番の頭、土山惣二郎という者が汚職の罪に問われ、出奔（逃走）した。これを聞いて作られた話である。

土山が評定所で吟味された際、次のように追及された。

「その方、出奔いたすとは武士道に似合わざる仕り方《つかまつ》、なぜ切腹を致さぬか」

「はい、私も左様思い詰めまして、九寸五分《くすんごぶ》の脇差を腹へ当てましたが、ふじみ御宝蔵でございます」

「富士見」と「不死身」をかけたもので、死ぬに死に切れなかったというしゃれである。

これらはすべて『よしの冊子』に収録されたものだが、筆者が一番笑ったのは次の話である。

武芸がはやっているので、何ぞ工夫して儲けてやろうと思ったある町人が、木刀を拵《こしら》え、丸の内を「木刀、木刀」と言って歩いた。

すると、大名屋敷の長屋の窓から「いくらだ」という声がかかった。

「はい、三分（現在の四万五〇〇〇円ほど）でございます」と答えたところ、

「それは高い。半額にせよ」

松平定信

という。

町人は「引けません」と答えて四〜五間も歩いたが、思い返して「まけてあげましょう」と持ちかけた。すると窓の内から声が返ってきた。

「まけた木刀はいらぬ」

言うまでもなく、まけた（割り引いた）と負けたの掛け言葉である。

このように、江戸時代人たちは、厳しい奢侈禁止令や武芸奨励に対して、笑いで応えたのである。

寛政の改革が失敗した理由

寛政の改革を進めた老中首座・松平定信。彼は、風俗統制を推し進め、芸者などまで厳しく取り締まった。

その背後にある思想は、定信が老年になって著した『修行録』という書物に書かれた「色欲のこと人生凡情やむことなきといふは、皆欲にして、真の情にはなきもの也」という言葉に集約されている。人間には「凡情(性欲)」がつきものであるというのは、すべて欲から生じたもので、人間の真の情ではない、というのである。

そのため、定信にとっては、房事(セックス)も義務であった。定信は、自伝『宇下人言』に次のように書く。

房事なども子孫ふやさんとおもへばこそ行ふ。かならずその情欲にたへがたきなどの事はおぼえ侍らず。

——房事なども子孫を増やそうと思うからするのである。房事をしたいとの情欲に耐え難いなどということは感じたことがない。

それでは、定信が、本当に嬉しいと思うのはどういうことであろうか。

「私が嬉しいと思うのは、たとえばこの法度、禁令などをこのように調べてかのように書いてと自分で思い浮かべ、人にやらせてみたら、自分が思っていたよりもよく出来てくると、愛する子がよい事をして親が喜ぶようにこの上なく嬉しい」

こんなことが何にも増して嬉しいのだろうか。少しおかしい。こういう人間に政治の全権を握られると、下々の者は息が詰まる。

定信の書いたものをみると、何不自由なく育った者の傲慢さを感じる。そして、房事に関しても、ひとりよがりの理屈をつけているだけのような気がする。

定信が初めて女性を体験したのは、一九歳で結婚した時だった。これは生まれ育った御三卿の田安家の家風が厳格だったためである。それではそれまでどうだったかというと、定信は「十あまり三つ四つの比《ころ》より、少艾《しょうがい》（美少女）を慕ふの情もありけれど」と正直に告白している。人並みの性衝動もあったわけである。

それなのに、『修行録』では、次のような話を自慢話として書いている。

最初の妻が死に、二度目の妻を娶《めと》る前のことである。「十六計《ばかり》にて容儀いとよき（一六歳ばかりの美少女）」を側に召し使っていた。定信は、幼い頃から側にいたこの少女に心惹かれ、手をつけた。彼によると、「何かとこの容色には心まどふやうに思ひし也」ということだった。この少女の美貌に惹かれて、心ならずも手を出したというのである。

ここまでは、まあ許せよう。問題はその後である。

この少女の心根がよくないという先入観を持っていた定信は、少女の嫁ぎ先を決めるよう命じて白河に帰った。翌年出府してきた定信は、江戸に着いた日、この少女は嫁ぎ先が決まらないまま親元へ下げるということを聞いた。

老女が、「今夜、かの者を里へ帰しましょうか」と重ねて聞くので、定信は、「このところもひとつの修行なるべしと思ひて（！）」屋敷に泊まらせることにした。そして、その夜は自分の寝所に入れ、「さまざま行く先のこと、かたづくについての心得」などを教え諭したという。

二人の関係からして、当然、別れの房事があったと考えるのが自然であるが、定信は、「いささかも凡情はおこらず」と得々と書いている。

自分の勝手な都合で側女《そばめ》としながら、長く面倒を見るつもりもない。それにもかかわらず、最後に修行と思ってひとつ床に寝て、何もしないで嫁入りの心構えを話したのが定信の自慢なのである。

彼としては、性欲に負けなかったというのが誇らしいのだろうが、これで人の心がわかっていると言えるだろうか。このような冷たい人物が行った寛政の改革が、庶民の怨嗟《えんさ》の声で中断せざるを得なかったのも当然と言えよう。

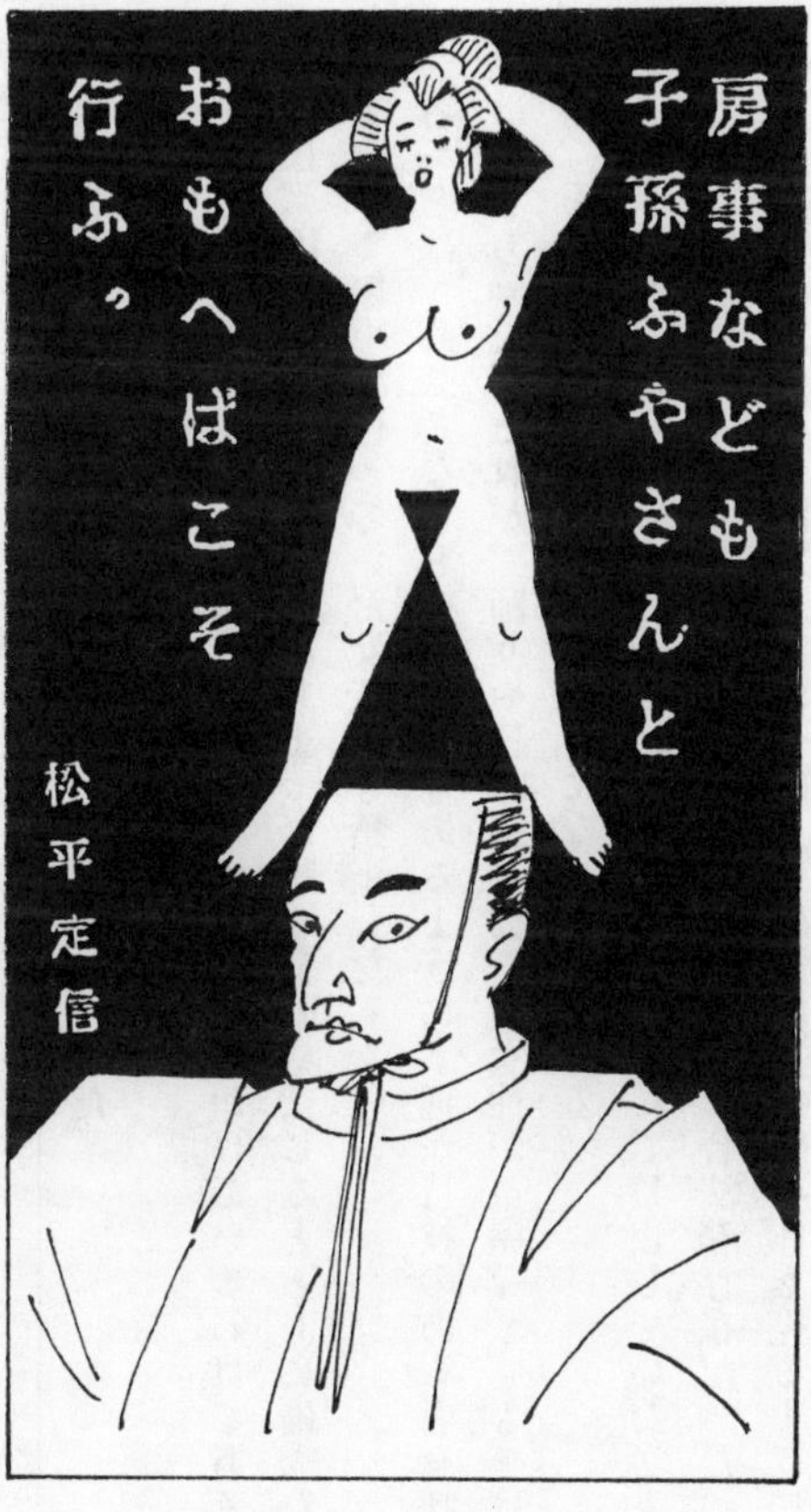
房事なども
子孫ふやさんと
おもへばこそ
行ふ。
松平定信

意外に好評だった〝風営法〟

寛政の改革が軌道に乗った頃、次のような狂句が出た。

ふんどしが　出たで　世の中　しまるなり

ふんどしは越中ふんどしだから、松平越中守定信にかけているわけである。

定信は、田沼意次の時代に目にあまった賄賂《わいろ》を固く禁じるとともに優秀な人材を登用した。また、この頃流行っていた女芸者も禁止した。

「芸者」とは、武芸者などという言葉もあるように、何か特技のある者を呼んだ言葉で、本来は男であった。それが、踊りや三味線に秀でた女性が茶屋などでもてはやされるようになり、それを「女芸者」と呼ぶようになったのである。

幕府は、吉原の遊女以外の売春婦は「隠《かくし》売女」と呼んで禁止していた。もちろん、湯女《ゆな》などという風呂屋で売春する女性もいたが、これらは非合法な存在だった。女芸者は、もともと芸を売るもので合法だったが、一八世紀後半には、身体も売るようになった。

定信が登場すると、女芸者は厳しく取り締まられるようになる。何といっても、「房事（セックス）なども子孫ふやさんとおもへばこそ行ふ」と言うような人物だから、それなりに納得できる。

『よしの冊子』には、天明七年（一七八七年）末に、次のように書かれている。

屋敷其外《そのほか》町方ニても女芸者ハヒシト止ニ成り候へ共、併《しかしながら》　日本橋辺其外茶屋娘などを、只今迄の芸者の如く茶屋抔《など》へ呼び候由。料理茶や抔も同様ニてこれ有り候所、此度町奉行より厳敷《きびしく》申し付けこれ有り、決して右の趣も相成ず候由。

——武家屋敷や町方でも女芸者はぴったりと止めるようになったが、日本橋辺りなどの茶屋娘などを、今までの芸者のように茶屋などへ呼んでいるということだ。料理茶屋なども同様だったところ、今回、町奉行から厳しい命令があって、そのようなこともまったくできなくなったということだ。

その頃は、武家屋敷で女芸者を呼んだり、裕福な町人が女芸者を呼んで、楽しんでいたのである。これは、定信の登場によって、いっせいに自粛されるようになった。

ところが、茶屋などでは、今度は茶屋娘を呼んで、芸者同様に売春させるようになる。

これも町奉行の厳命によって、禁止された。

この措置について、町人たちは、次のような理由で高く評価した。

町人の娘或ハ後家抔も先日迄ハ右様の事にハ呼レ淫を売り候事これ有り候へ共、誠に風俗を崩し候事苦々敷《にがにがしく》人々存じ候所、右相止み候ニ付き有がたがり候由。

――町人の娘や後家なども、先日までは茶屋に呼ばれて売春していたのだが、人々は、まったく風俗を崩していて苦々しいことだと思っていたので、それが止んでありがたがっているということだ。

意外なことに(?)、庶民は風俗が乱れるそのような慣習が止んで喜んだのである。考えてみればあたりまえかもしれない。遊女や女芸者は、いわば玄人《くろうと》である。だから、遊女は吉原に、女芸者は深川などの岡場所に限って存在が許されている。しかし、茶屋は、日本橋辺りという江戸の中心地に堂々と存在しているのである。そこに、町人の娘や後家などが呼ばれて売春するというのは、まともな町人には好ましいと思われないのは当然である。

この『よしの冊子』の記事は、当時の風俗の一端を明らかにしている。茶屋などに呼ばれて売春していたのは、普通の町人の娘や、後家だった。江戸時代とはいえ、まともな町人の家は、娘の身持ちには気を配っていた。しかし、一方で、アルバイト感覚で茶屋などに稼ぎにいく娘もいたのである。

一方、後家については言うべき言葉はない。稼ぎ手を失った女性にとって、生活の手段はそれほど選択肢がなかった。これはやむを得ない「渡世」と言うべきだろう。

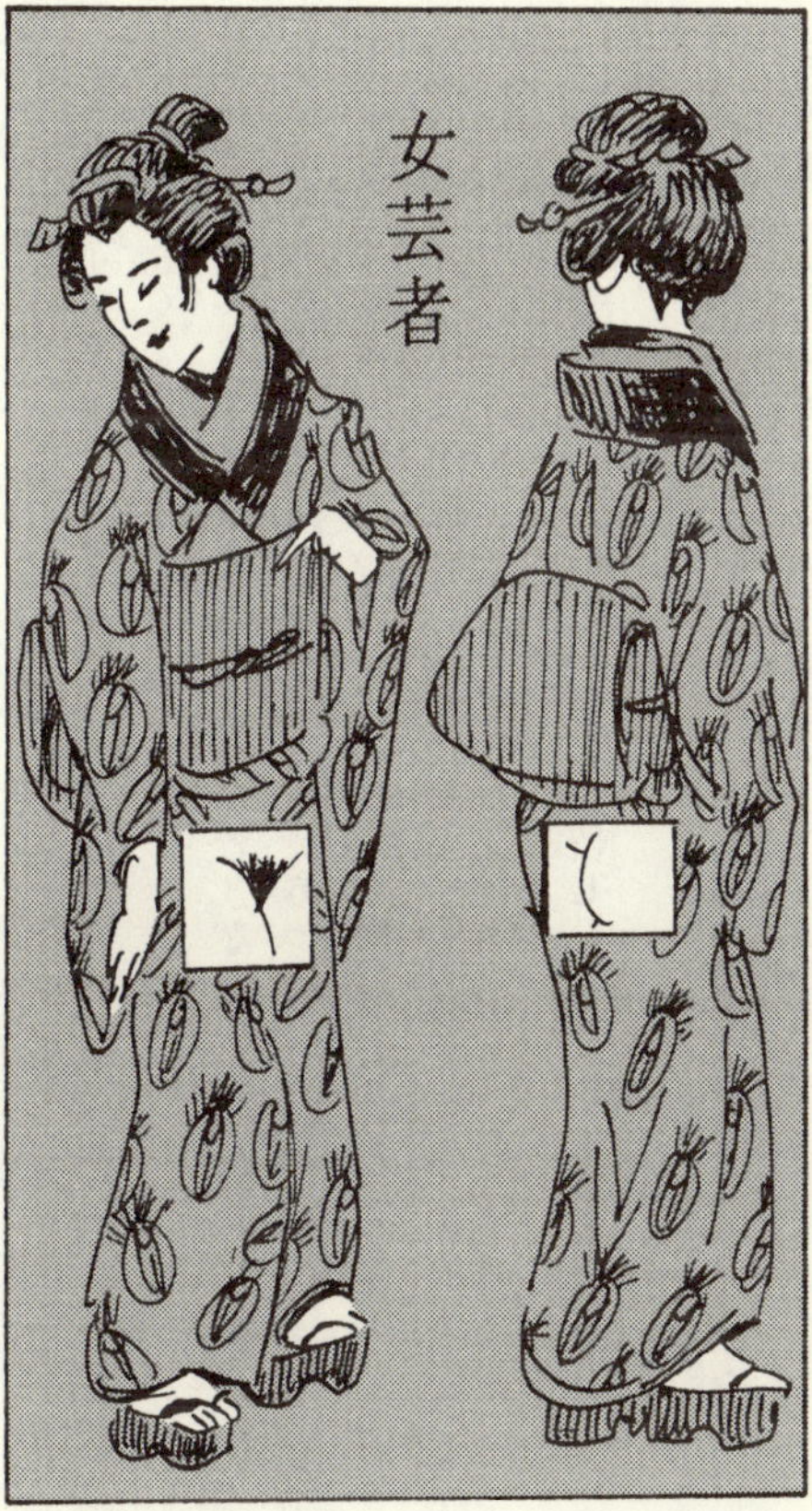
女芸者

江戸版「売春クラブ摘発騒動」

寛政の改革の風俗取り締まりで、日本橋辺りにあった茶屋でも、女芸者同様の者を呼ぶことはできなくなった。

それではまったく吉原以外では買春ができなくなったかというと、そうでもない。現在もある赤坂の氷川神社の門前にも岡場所があった。茶屋そのものは違法ではないから、老中松平定信の厳命をもってしても、しばらくはなくならなかった。

寛政元年（一七八九年）四月、浅井久長という者の養子が、赤坂氷川の茶屋へ三人連れで遊びに行った。

三人は、女芸者を呼び、二〜三日も逗留したので、三両余りの掛けがたまった。

茶屋の者が、

「お代もたまっていますので、直接、お客様の御屋敷へ行って金子《きんす》を受け取りましょう」

と催促したところ、その養子は言った。

「おれは町奉行屋敷の者だ」

当時、茶屋での女芸者を厳しく取り締まっていた町奉行所の者だと言うことによって、茶屋に掛けの取り立てをあきらめさせようと思ったのである。しかし、茶屋はそんな見え透いた脅しには動じない。

「然《しか》らば御屋敷まで参りましょう」

と平然と言って、茶屋の者がその養子の屋敷まで付いて来ることになった。屋敷に向かう途中、連れの者二人は、いつの間にかいなくなって、養子一人になった。

養子は、数寄屋橋にあった北町奉行所の裏門へ入っていった。そして、門の外で待っている茶屋があきらめて帰るのを待とうと、門内をあちこちとふらつきまわっていた。

ところが門番がその姿を見とがめ、知らせを受けた同心が出てきて、養子を捕らえた。すぐに氷川神社門前の茶屋に捜査の手が入り、氷川の女郎屋や茶屋はすべて検挙されることになった。その捜査の日は、氷川神社周辺は、上を下への大騒ぎだった。

このため、氷川の茶屋・女郎屋は一軒残らず闕所《けっしょ》処分となった。

その上、氷川別当（神主）も吟味を受けることになった。初めは評判がよくなかったが、茶屋や素人の町人から取る地代よりも、女郎屋から取る地代の方が軽かったため、知らなかったという言い訳が認められ、処分も軽く済んだ。しかし、これによって、氷川の女郎屋もお終《しま》いだと噂されたという。

そのほか、愛宕《あたご》山下や神楽坂の岡場所なども捜査を受け、多くの隠売女《かくし》が捕らえられた。

これほどまでに、定信の風俗取り締まりは徹底していたのである。

さて、「浅井久長」であるが、そのような名前は『寛政重修諸家譜』に見あたらない。おそらくは「久長」は誤記か別名で、幕府奥医師浅井長好が久長その人だと考えられる。浅井長好の養子は、休徴といい、父長好が病気であるにもかかわらず、看病もせず遊里にいりびたっていたため、一族から座敷牢に入れられている。どうもしようのない人物だったようだ。

彼は、寛政元年七月一一日、ひそかに逃げ出して、悪友の長谷川玄通(寄合、医師)という者のもとへ居候《いそうろう》になった。ところが、病気だと称しながら、あちこちを徘徊《はいかい》しただけではなく、玄通の名前をかたって、呉服などを騙し取り、それを質に入れて金を作り、またしても遊興にふけるようになった。そして、どうにも困ったあげく、逆恨みして町奉行所に出頭し、親類の者が自分に対して「非道のはからひ」をしたと訴え出た。

このため吟味となったが、一族の者が行ったことは理由のあることだということになり、それまでの所行のほか、玄通やその弟林徴伯らと博打をしていたことが露見し、

「すべて官医たるもののあるまじき所行なり」

ということで死刑に処せられることになった。ばかな男である。

ばかな
男よ
浅井長好の養子

苦労人「鬼平」のせつない思い

長谷川平蔵とライバルであった松平左金吾の性格をよく示すエピソードがある。左金吾の部下の与力が十手《じって》を盗まれた時のことである。

十手を盗まれて青くなった与力が左金吾に報告したところ、左金吾はたいへん腹を立て、「これは御支配方（若年寄）へ申し上げずばなるまい」と、同僚の平蔵に相談した。

すると平蔵は、次のように忠告した。

「貴様よく考えてみよ。それより大切な公儀の御道具でさえ、番を務めているうちに盗まれることもあるではないか。人でも打つ時にとられでもすれば少しは考えなければならないが、盗まれるのはしかたがない。人に盗られても、多勢に無勢ならば盗られないとも言えぬ。そんな事がどうして御届けができるものか」

左金吾のように、杓子定規にものを考えて届け出をすれば、与力は腹を切らねばならないかもしれない。十手を盗まれるのは、警官が拳銃を盗られたようなもので、重大な過失だが、現在とは処分の重みが違う。

だから平蔵は、自分の一存で失態を握りつぶし、部下をかばってやれと暗に勧めたのである。信頼できる中間管理職といったところであろうか。

　さて、そんな平蔵だったが、出世にはなかなかあずかれなかった。定信の信頼は勝ち得たものの、あくまで加役という際物《きわもの》の役である限り使いようがあるといったものだったのだろう。平蔵の才能やがんばりをただ利用しただけである。

　平蔵には、誰よりも町奉行にふさわしいとの自信があった。火付けや盗賊を捕らえるのもお手の物だし、尋問の時も情に訴え、それまでの加役や町奉行のように石を抱かせて白状させるようなことはしなかった。

　しかし、寛政元年（一七八九年）九月の大規模な人事異動の時も、寛政三年一二月に初鹿野河内守が死んで町奉行が空席となった時も、平蔵には声がかからなかった。切れ者の上司に信頼の言葉をかけられ職務に励む部下、という構図であったが、定信は、平蔵の働きを評価しながら人物は評価せず、使い捨てにしようとしていたのである。『よしの冊子』には、そうした平蔵の肉声が書き留められている。寛政四年二月頃の記事である。


　長谷川平蔵転役も仕らず、いか程出精《しゅっせい》仕《つかまつ》り候ても何の御さたこれなく候に付き、大いに嘆息いたし、まうおれも力がぬけ果てた。しかし越中殿（定信）の御詞《おことば》が涙のこぼれるほど忝《かたじけ》ないから、夫計《そればかり》を力に勤める外には何の目当もない。是ではまう酒計《ばかり》を呑み死ぬであらふと、大いに嘆息、同役などへ咄《はなし》合ひ候由のさた。

――平蔵は転役もなく、どれだけ職務に励んでも昇進の声がかからないので、大いに嘆息し、「もうおれも力がぬけ果てた。しかし越中殿の御ことばが涙のこぼれるほどありがたいから、それだけを力に勤めるほかには何の目当てもない。これではもう、酒ばかりを呑んで死ぬことになるだろう」と、同役などへ愚痴をこぼしているということだ。

この三年後に鬼平は頓死することになるのだから、酒を過ごしたことはよくなかっただろう。あるいは、この頃にはすでに体に異常を感じていたのかもしれない。

とにかく、役に対する自信も能力もあり、さらに精魂こめて役務に勤めても、上司が認めてくれないのはつらいものである。ただし、平蔵の耳には、定信が「平蔵ならば」といった言葉が届いていた。その定信の言葉が、平蔵の心の支えになっていたのである。

寛政五年七月、松平定信は老中首座の地位を追われることになる。

そして翌六年一〇月二九日、幕府は、平蔵の長年の加役(火付盗賊改)勤めの功労を認め、時服を賜うた。平蔵をあくまで加役に留めて江戸の治安維持専管にしようとしていた定信は、すでに政界の中心にはいない。平蔵の運も、ようやく開けてきたのである。

ところが、翌寛政七年四月、平蔵は突然病に倒れた。

平蔵の病は、日に日に重くなっていく。平蔵危篤の報は、将軍家斉の耳にも届いた。

平蔵は、若い頃、西の丸書院番士として家斉の警備にあたっていた。加役としての名声

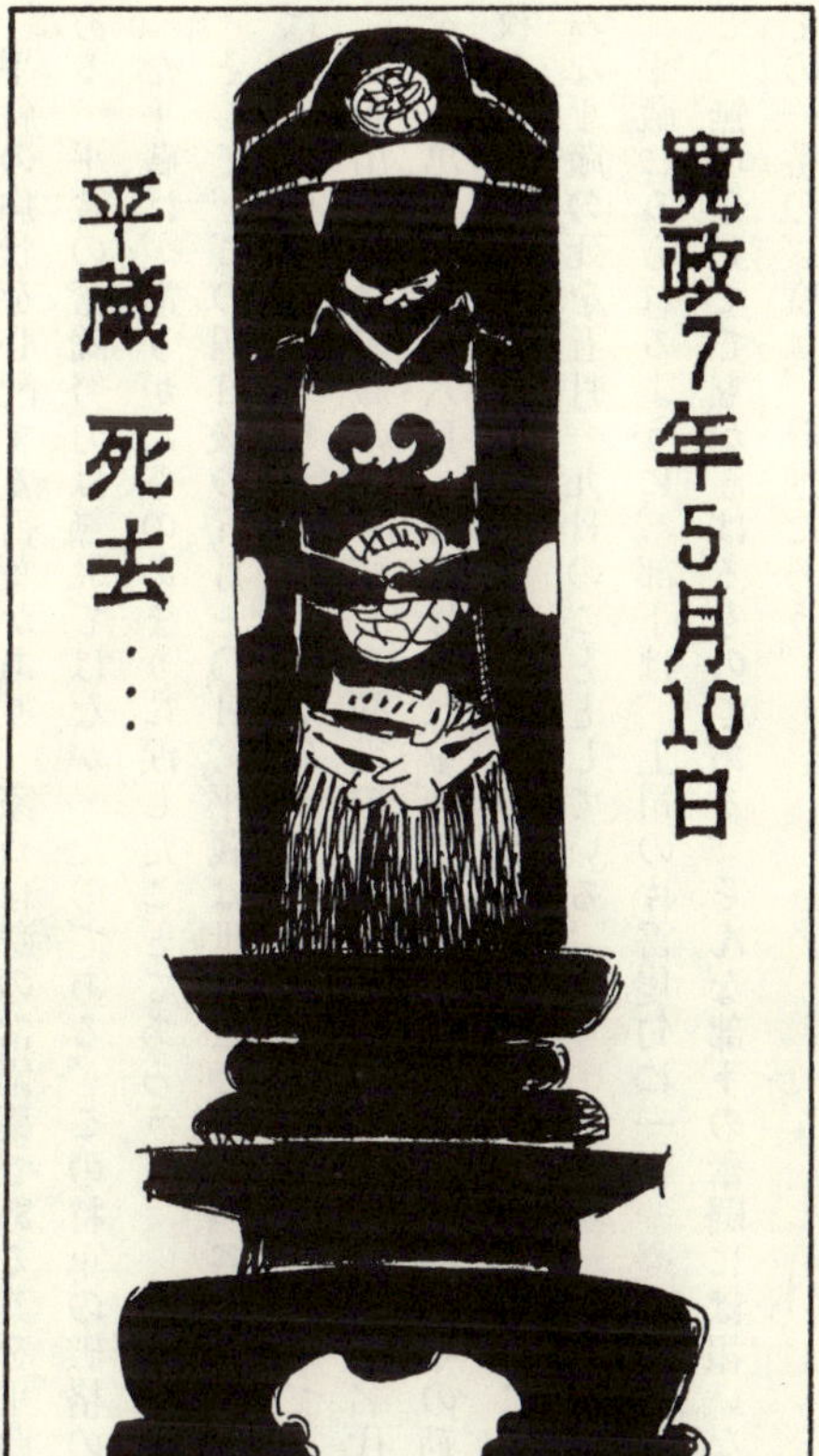
寛政7年5月10日
平蔵 死去……

から、この頃には平蔵の名を知っていた家斉は、平蔵の危篤を聞き、「懇ろの御諚《ごじょう》（将軍の御言葉）ありて、うちうちより瓊玉膏《けいぎょくこう》」を賜った。平蔵の病状を心配する言葉があり、家斉自身の常備薬である薬を平蔵に分け与えたのである。平蔵の奮闘努力は無駄ではなかったのである。この将軍の破格の扱いに、病床にあった平蔵は、ありがたさのあまりに涙したことであろう。

そして、この四日後の五月一〇日、平蔵は世を去った。四谷の戒行寺に伝わる過去帳には、その死を寛政七年五月一〇日と確かに記録している。享年五〇であった。

長谷川家では平蔵の喪を秘し、同役の彦坂九兵衛と岩本石見守を名代として、御役御免を申し出た。同一六日、幕府はこれをゆるすとともに、平蔵の長年の勤めを賞し、黄金三枚と時服一を賜うた。長谷川家が平蔵の喪を発したのは同一九日のことで、幕府の記録はみな平蔵の死を五月一九日のこととしている。

平蔵にみられるように、部下は、上司の片言隻句に一喜一憂する。上司に頼りにされると、無理をしてでもがんばるものである。そんな部下の奮闘には報いなければならない。その一番の褒賞は、昇進だろう。

しかし、学問こそ一流だが、下の者の気持ちのわからない定信は、鬼平の密かな願いなど無視し、火付盗賊改や人足寄場取扱に便利屋として利用したのである。

【中休み】

「好色将軍」家斉と〝乳母問題〟

大変人だった一一代将軍家斉

一〇代将軍家治《いえはる》には、長男家基と次男貞次郎の二人の息子がいた。貞次郎は二歳で没したが、家基は順調に成長し、将軍家は安泰であると思われていた。ところが、安永八年(一七七九年)二月二一日、鷹狩りに出かけた家基は体調を崩し、そのまま三日後に急死してしまった。

このため、急遽、次期将軍を誰にするのかの協議が行われ、八代将軍吉宗の子に始まる田安家と一橋家、九代将軍家重《いえしげ》の子に始まる清水家を総称した「御三卿」から選ぶという案が浮上した。このなかでは田安家が一番格が高い。

しかし、当時、田安家には当主が不在だった。

先代の当主、治察《はるあき》は安永三年九月に子をなさないまま死去。治察には二人の弟、定国と定信がいたが、定国は伊予松山藩松平家へ、定信は白河藩松平家へ養子に出たため、田安家の跡継ぎがいなかった。定国と定信のどちらかが田安家を継ぐこともできたはずだったが、結局、一橋家当主の治済《はるさだ》と老中田沼意次の画策によって、田安家は明家形《あきやかた》、つまり家自体はあるが当主不在という扱いにされた。治済らは、田安家の力を弱め、一橋家の発言力を増そうと考えたのだ。

結果的に、この狙いが当たることになる。一一代将軍は一橋家から選ばれることになった。天明元年(一七八一年)、家治は一橋治済の四男豊千代を養子に迎え、豊千代は天明七年に一一代将軍家斉《いえなり》となる。

白河藩に据え置かれた松平定信は、一橋治済や田沼らによって田安家継承を阻まれたことを、後々まで遺恨に思っていたようである。田安家に戻っていれば、定信にも将軍就任の目があったからだ。幼少から英才として名高く、後には寛政の改革も推進した定信は、無念の思いを抱きつづけていた。

また、将軍職が家斉に転がり込んだことは、将軍家にとっても不幸だと噂された。家斉と定信では、政治家としても人間的にも、その質に格段の開きがあったからだ。

只野真葛《まくず》という女性はその著書『むかしばなし』で、叔父の談話として、家斉の幼少時代にまつわる興味深いエピソードを記している。ちなみに真葛は、田沼政権期にロシアとの交易の重要性を説いて『赤蝦夷風説考』を著した工藤平助の娘である。

「私は数多くの大名屋敷に出入りしているが、御家を継ぐはずの若殿は総じてバカばかり。おまけに、公方様(家治)の跡継ぎに決まった大納言様(家斉)も、旗本衆に評判を聞いてみると、これまたひどい。大納言様は御幼少の頃は豆蟹を潰すのがお好きで、毎日おびただしい数の蟹を調達して、遊び仲間の御付きの子どもと一緒に押し潰していたそうだ。九歳になると、今度は鶏に夢中になり、棒を持って追いかけまわしてぶち殺していた。縁側の下には、半殺しにされて腰抜けになった鶏がヒコヒコしてかがんでいたそうだ。そんな不仁の人が公方様になられたら、どんな世になるのか想像もつかない」

幸いにして、成人後の家斉は、懸念されたような残虐な暴君にはならなかった。ただし、やはり常人とは異なっていたのか、家斉は五三人もの子どもを作るほどの女好きと度を超した贅沢に走った。

家斉の好色は、江戸の庶民の間でも話題の種だった。

家斉の正室は薩摩藩主島津重豪《しげひで》の娘寔子《ただこ》で、家斉はまだ一橋家にいる頃に婚約していた。寔子の輿入れは家斉が一七歳になった寛政元年(一七八九年)二月だが、翌月にはもう長女が生まれた。といっても、これは寔子ではなく、側室の「於万《おまん》の方」の子だ。

そこで詠まれたのが、この落首。

薩摩芋の　ふくる間を待ちかねて　おまんを喰うて　腹はぼてれん

庶民は、薩摩芋（寔子）と於万（饅頭）を掛詞に、性欲を「待ちかねた」（我慢できなかった）家斉の好色をからかったのである。

おまんを
喰うて
腹は
ほてれん

家斉は何歳のときに側室を置いたか

江戸幕府第一一代将軍徳川家斉と言えば、正室のほかに側室を一六人持ち、子供を男女合わせて五三人もうけたことで有名である。

将軍の第一の役割は世継ぎをもうけることだから、家斉は責務に忠実だったとも言えるが、ここまで多いと好色な将軍と言われても仕方がない。事実、若い頃から「女色御好み」と噂されていたという（『よしの冊子』）。しかし、生まれた時から好色だったわけではあるまい。はたして家斉は、何歳頃から女性を側近く置くようになるのだろうか。

家斉は安永二年（一七七三年）一〇月五日、御三卿の一橋治済の四男として生まれている。が、時の将軍徳川家治の嫡子家基が安永八年二月二四日に没したため、天明元年（一七八一年）五月一八日、御養君（家治の養子）となった。この時、家斉は、まだ数えで九歳。家治は天明六年九月八日に没し、翌年四月一五日、家斉は将軍宣下《せんげ》を受けた。一五歳の時である。

家斉は、一橋家の四男だった時代に鹿児島藩主島津重豪の娘寔子（茂姫）との縁組が調っていた。しかし、二人が婚儀をあげたのは、寛政元年（一七八九年）二月四日で、すでに家斉の側室が懐妊した後のことである。

それでは、家斉は、いつごろから女性を近付けたのであろうか。こういうことは江戸城の奥深くで行われることだから、史料から見つけだすことは困難に思える。ところが、それを推測させる記事が『よしの冊子』にある。天明八年一〇月末頃の噂によると、大奥の御年寄から奥医者へ、内々に次のような打診があったという。

もはや上には御十六にならせられ候間、御女中など御側へ御近付け申し候ては如何にこれあるべきか。

——もはや上様は一六歳におなりになったので、御女中などを御側へ御近付け申してはいかがでございましょうか。

一六歳になった将軍に、女性を近づけてはどうかというのである。そうして見ると、家斉は、まだ女性を知らなかったわけである。

さて、この記述によって、将軍の性生活の管理は、大奥の年寄と奥医師の管轄することであったことがわかるが、これについての奥医師の回答は次のようなものであった。

其儀はいまだ御早く在らせられ候間、御無用に存じ奉り候。

——そのことはいまだ御早くございますので、御無用かと存じ奉ります。

家斉の意向はともかく、奥医師たちは皆、まだ早いと主張したのである。

十一代
徳川家斉
側室、十六人
子、五十三人
クハハ

ところがその後、奥医師の一人宗仙院だけは、大奥年寄に次のように申し上げた。

少々は男女の御情も御動き遊ばされ候も御尤《ごもっと》もに存じ奉り候間、御女中御近付け遊ばされ候ても苦しからざる儀にも存じ奉り候。

——少しは男女のことに興味が出てくるのも当然かと存じ奉りますので、御女中を御近付けなさってもかまわないとも存じ奉ります。

婉曲にではあるが、そろそろ御女中を側に置いてもよいと言ったのである。

『よしの冊子』は、この宗仙院の意見に対し、煕春院《きしゅんいん》という奥医師が「こちらと相談もしないで一人でそう言ったとは、宗仙院もつまらぬ奴だ」と立腹したという噂も書き留めている。このように、将軍は、一六歳の頃、大奥の年寄と奥医師の相談で、然るべき女性を側に置くようにされたことがわかる。

さて家斉は、この噂がささやかれた頃にはすでに側室を置いていた。

というのは、寛政元年(一七八九年)三月二五日に長女が生まれ、次いで同二年一〇月朔日には次女が生まれているからである。逆算すると、天明八年(一九八八年)の五月頃には、すでに側室が置かれていなければならない。

二人を生んだ側室は於万《おまん》の方で、御先手《おさきて》を勤める旗本平塚伊賀守《いがのかみ》為喜の娘であった。

不人気職だった将軍家の乳母

将軍に子供ができると、乳母を募集する。募集に応じた旗本や御家人の妻女、あるいは町人の妻女などを大奥で吟味し、数名が乳母に選ばれる。

子供を産んだ者でなければ乳は出ないから、乳母はその頃子供を産んだ女性である。乳母になると、自分の子供には乳母を雇わざるをえない。

乳母を雇う費用よりも、将軍家の乳母になる方が給金や下され物などが多いし、名誉なことでもあるので、乳母に応募するのである。

乳母になれば生活はどうなるか。『よしの冊子』には次のように書かれている。

先年は御乳持《おちもち》に出候へば、身上悪しき者も少々づつは衣装も出来、せつなき目も御座なく相勤め居り候由。

――これまでは乳母になれば、貧乏な者も少しは衣装もでき、辛い目にもあわず勤めることができていたということだ。

つまりは有利な働き口であったのである。これもれっきとしたキャリア・ウーマンである。

ところが、この史料に「先年は」とあるように、一一代将軍家斉に娘ができて乳母を雇った時は、なぜかあまり楽な職場ではなくなっていた。『よしの冊子』の言うところを見よう。

「今度、姫君様の乳母に出た者は、お城勤めに必要な道具までも自分からの持ち出しとなり、わずかの間に三〇～四〇両もの借金をした者もあるということだ」

あまり幕府から手当が出なかったというのである。

その上、乳母たちは四人が同部屋となり、朝夕の食事も一人一人順番に出されるので、食べる時間もずいぶんと遅くなる。

三日に一度ずつは表（幕府）から肴を下されるといって五～六寸ばかり（一八センチ足らず）の鯛が廻って来るが、どれも古くなったもので食べることができない。朝夕の食事も、「あらめ（昆布の一種）にまめ、八はいどふふ（八杯豆腐）、菜のひたしもの」ぐらいの、お乳のためにはよくないだろうと言われるようなしろものだった。

また、五日に一度は饅頭を下されるが、これもまた粗末なもので少ししか貰えないという。饅頭というのは本来贅沢なものだったが、これでは仕方がない。

このような待遇について、『よしの冊子』の筆者は次のように記している。

御表よりの御手当は左様にはこれ無く候処、中途にて如何相成り候哉。

――幕府からの御手当はそのような粗末なものではないのに、途中でどのようになっているのだろうか。

つまり、幕府の表から支給されるものが、大奥に至る途中で粗末なものにすり替えられていたようである。そして、規則やしきたりに厳しい大奥での生活だから、御年寄や奥女中に気を遣い、ふだんも四人の相部屋なので気兼ねもあって、どんな者でも二週間から二〇日もすれば乳が出なくなった。

当時、富裕とはいえない町人などでも、乳母を雇えば三日に一度は肴を食べさせ、何か少しずつはよい菜(おかず)を出すものであった。かりにも将軍家の乳母に対して、あまりに粗末な取り扱いであった。そのため、家斉に二番目の姫君が生まれた時の乳母の募集には、一人も申し出る者がなかったという。

ところで、この記事には次のようにたいへん興味深いことが記されている。

御乳を上げ候も、覆面をいたし、御抱き申し候事も相成らず、人に抱かせ申し候て上げ候由。

姫君や若君と乳母に特別な感情があってはならないためであろうか、乳を飲ませるにも乳母は覆面をし、しかも他の女中が抱いて、乳首だけを含ませるのである。

このような愛情不足の環境で育つと、将来の将軍や姫君様は心身にどのような影響を受け、どんな大人に成長することになるのだろうか。

ワハハ
御乳持
……
あん…
チュバチュバ

歴史を動かした家斉の好色

一一代将軍徳川家斉は子どもを五三人ももうけた。寛政元年(一七八九年)、家斉一七歳の時に生まれた淑姫から、文政一〇年(一八二七年)に家斉五五歳の時にできた泰姫まで、じつに二六男二七女を数えた。このうち成人して婚姻を結んだのは、後の一二代将軍家慶《いえよし》を含めて二六人だった。

だが、一口に婚姻といっても、幕府は大変難渋した。一つは、将軍の子女である以上、なまなかな家へ送り出せないという面子《メンツ》の問題があったからだ。もう一つは、名家であっても養子先に外様《とざま》大名は選びにくかったからだ。男子を押し付けると家を徳川家が奪うことになり、御家騒動の種になると懸念したのだ。

そのため、徳川家を継いだ家慶を除く家斉の子女二五人の婚姻先は、五人だけが外様大名に縁付いたが、二〇人は徳川家の親類に行った。その内訳は、御三家に七人、御三卿に三人、家門(諸流の松平家)に七人、連枝(御三家の支藩)に三人だった。

だが、これほどの配慮をしても、諸藩には深刻な影響を与えた。その典型例は水戸家だった。水戸家第七代治紀《はるとし》には男子が三人あり、長男が家督を継いだ斉脩《なりのぶ》、次男が支藩の高松平家を継いだ銓之允、三男が敬三郎といった。そして、長男斉脩に家斉の第一三子峰姫が入輿した。

この婚姻は幕府のゴリ押しではなく、水戸家が江戸家老榊原淡路守《あわじのかみ》を介して幕府に運動した結果だった。というのは、将軍の子女を引き受ければ金銭的な特典がついたからである。これは、藩財政の窮乏に悩む水戸家にとってありがたい条件だった。化粧料として一万両、御手当として毎年一万両が下賜され、幕府からの借入金二万二〇〇〇両も全額免除された。おかげで経済的にかなり潤ったのだ。

しかし、文政一二年に斉脩が死ぬと、事態は一変する。跡目は弟の敬三郎のはずだったが、榊原らは峰姫入輿の際に得た巨額の補助金に魅せられたのか、家斉の子を養子に迎えようと画策したのである。その候補者は、すでに御三卿の清水家を継いでいた家斉の第四七子清水斉彊《なりかつ》だった。

だが、この筋の通らない養子縁組構想は、家臣間の対立と水戸家奥向き内の抗争も招いた。斉脩の母は幕府御家人の松永氏の娘で、敬三郎の母は公家の外山氏の娘だった。となると、敬三郎が跡目を継ぐと、松永氏出の斉脩の母はまったくの邪魔者。しかし、斉彊を迎えた場合は、斉脩の母は前藩主の母として厚く遇される――。こんな思惑から斉脩の母は斉彊派についた。

将軍家斉
子女二十五人
婚
姻

こうした複雑な事情もあって、水戸家には激烈な御家騒動が生じた。後年、尊王攘夷運動の草分けとなった藤田東湖は、生涯に三度死を決したというが、その最初の事件がこの水戸家騒動だった。

結局、斉彊相続は沙汰やみとなって決着し、騒動は敬三郎が水戸家を継いだ。この敬三郎こそが水戸烈公こと徳川斉昭《なりあき》、最後の将軍慶喜《よしのぶ》の父である。しかし、この騒動は後々まで禍根を残し、「俗論・天狗の党争」などの御家騒動も招いた。そして、こうしたエネルギーは尊王攘夷運動の源泉ともなり幕末の動乱の引き金となったのである。

家斉の子女をめぐる婚姻は補助金や家格のアップをエサにしたものの、かえって藩内の対立を招いた。さらに、これらの子孫は長じて諸藩の当主になると、その権威を盾に幕府に対して強圧的な態度に出るようになり、幕末の徳川政権を悩ます要因になった。

家斉の度を越した好色は、徳川家にとっては重い罪だった。だが、その一面で、だからこそ歴史が動いたともいえる。歴史のおもしろさは、こうした点にもあるのだ。

【第二部】森山孝盛と武士の出世

森山孝盛と「お菓子騒動」

松平定信が指導した「寛政の改革」に先行する田沼意次政権期は、金権主義のまかり通る時代として有名である。

賄賂が横行し、出世しようにもカネがなければどうにもならない。そんな乱れた世相は、旗本の森山源五郎孝盛が著した随筆『賤《しず》のをだ巻《まき》』に、如実に描かれている。その一節に、次のような逸話がある。

天明四年（一七八四年）九月、森山が小普請《こぶしん》の組頭《くみがしら》に任命された時、初めての寄合に同役（同僚）二三人を招いた。

「寄合」とは、役人たちが持ち回りで主催する定期会議のこと。会場は、ホスト役の役人の自宅だった。そして新役の役人が初めて寄合を担当する時は、任官の挨拶を兼ねて先任の同役を饗応するしきたりになっていた。

森山の主催した寄合の支払いは金四五両にも達した。森山の年収は二〇〇両弱。つまり、たった一日の寄合に、年収の四分の一近くを費やしたのだ。

森山はこうぼやいている。

「肴は一種としても、相手は二三人もいるから、どうしてもカネがかかる。菓子（デザート）に『鈴木越後』というブランドを選んだら、それだけで二十数両もかかった」

それなら、ブランド物のお菓子などはやめればいいのにと思うが、そんなわけにはいかない。それぞれの役所で出入りの業者が決められており、勝手にほかの業者に頼んだりすると、後で酷《ひど》い目に遭ったからだ。寄合で使う菓子一つをとっても、慣例として銘柄が決まっていたのだ。

たとえば、こんなケースがあった。

森山の同僚に永井求馬《もとめ》という者がいた。永井は事前に、自分の〝指導社員〟である師匠番の船田兵左衛門に寄合について相談した。すると船田は、

「初寄合はやたらと出費がかさみ、困るだろう。特に『鈴木越後』はあまりに高価だ。安価で、自分が数年来贔屓《ひいき》にしている『金沢丹後』を使うのがよかろう」

と助言し、永井は初寄合に出す菓子を、『金沢丹後』という別の菓子司の羊羹とした。

だが、これが大問題となる。永井主催の寄合は和気藹々《あいあい》の内に終わったが、次の寄合の時、永井の饗応に疑問を呈した者があったのだ。

「永井が出した菓子は、『鈴木越後』ではなかったな」

これが引き金となった。

「そうそう、私もそう思った」

「あれは、おそらくほかの菓子司に注文したものだろう」

「ならば、このままにはしておけないぞ」

こうして話がどんどん難しくなり、永井らは同役たちの詰問を受けるまでになった。

そして、ついに永井が、船田の勧めで『金沢丹後』を使ったことを白状すると、同役たちは勝ち誇ったように二人をなじった。

「やはり、『鈴木越後』ではなかったか！」

「羊羹の味が粗かった。『鈴木越後』はなかなか細やかで、あんな味ではない！」

たまりかねた二人は、たかが菓子のことで両手をついて詫びを入れる破目になった。

これが、幕臣たちの実態だった。小普請の組頭は、小普請(無役の旗本)を支配する中間管理職である。その役人たちが、こんな意味のないイジメをしていたのだ。

ちなみに、この光景を苦々しい思いで見ていた森山だったが、帰宅後に『鈴木越後』と『金沢丹後』の羊羹を食べ比べてみた。すると、確かに『鈴木越後』の方がきめが細かく風味がよかった。

食べ物の恨みは恐ろしい。森山は自分の初寄合の際には無理をして『鈴木越後』を選んだが、それはイジメを避けるためのやむを得ぬ判断だったのだ。

田沼意次
ブランド羊羹
きめ細かく
風味よし

森山孝盛の母は「教育ママ」

森山孝盛は、鬼平こと長谷川平蔵の後任として火付盗賊改《あらため》を務めた中級旗本である。孝盛が六歳になると、孝盛の実母は、自ら息子に学問を授けはじめた。『小学』、『三体詩』、『四書五経』、『古文』などを教授し、朝夕には中国の聖賢の行いや日本の名将勇士の振る舞いなどを教えた。

孝盛によれば、母は添い寝しながら、さまざまな物語を教えてくれたという。『舌切すずめ』、『枯木に花さかせぢぢ』、『猿とかに』、『兎狸』、『鉢かづき』、『ゆり若』、『楠』、『義経』、『為朝《ためとも》』、『義貞』、『荘子』、『閔子騫《びんしさい》』、『伯瑜《はくちゆう》』、『孟母』……。

その内容は、『御伽草子』から武将の伝記、中国の説話まで非常に幅広い。特に「孟母三遷の教え」で名高い教育ママ『孟母』まで話しているのがおもしろい。孝盛の母も、孟母を理想としていたのかもしれない。

こうしたわが子への愛情に満ちた賢夫人(教育ママ?)のもとで育った孝盛は、自身が老いた後も、こうした書物を見るにつけ母を偲《しの》んで涙を流したという。

当時、このようなしっかりとした教育ができる母親は、そうはいなかった。普通、漢籍を教えるといえば、それは父親の役目とされていた。

孝盛の母は、諏訪伊織頼安という知行《ちぎょう》一〇〇〇石の旗本の長女だった。知行一〇〇〇石はそれほどの高収入ではないが、諏訪家は「寄合」の家格であった。

寄合とは、番頭《ばんがしら》に統率されるのではなく、数人が集まって一軍を形成することを許されていた、特別な格式のことである。無役の旗本ではあるが、小普請《こぶしん》と異なり家格の高い旗本が所属する。多くは三〇〇〇石以上の大旗本だが、名家の分家である場合は一〇〇〇石でも寄合となった。

頼安の本家は、信濃国諏訪郡高島藩主の諏訪家で、頼安は大名の〝分家の分家〟筋に当たる。このような名家の血を引くだけに、頼安は教育熱心で、娘たちにもレベルの高い教育を施した。孝盛の母の教養は、諏訪家で培われたものだったのだ。

幼年期に母から学問の素養を学んだ孝盛少年は、やがて軍談や浄瑠璃本までむさぼるように読むようになった。ただし、漢籍にはそれほど興味を持てず、『史記』が祖父（頼安）の家にあったが、「読んでも意味がよくわからなかった」という。

その孝盛も、書物から離れた時期はあった。孝盛は一二歳から弓馬槍太刀の業を習いはじめた。こうした武術も孝盛の性に合っていたらしい。孝盛は夢中で稽古に励み、勉学への情熱を失ってしまう。幼年期に学んだ「四書五経」は、まったく忘れてしまったほどだったという。

しかし、一六歳の時、たまたまかつて学んだ「四書五経」などを取り出して読んでみたところ、これがおもしろいようにわかったという。幼い頃に母からたたき込まれた教養は、成長してからも忘れることなく、しっかりと身についていたのである。

孝盛は、再び「無点の書」(返り点のついていない漢籍)や「唐本」(中国から輸入された原書)などにも親しむようになった。

これらのことは、新井白石の『折たく柴の記』を真似て書いた孝盛の自叙伝『蜑《あま》の焼藻《たくも》の記』に記してある。

孝盛に幸いだったのは、彼が父盛芳《もりとお》が五〇歳の時にできた嫡男だったことだ。親子の年齢差があり過ぎたため、森山家の家督は、孝盛の年長の甥が一時的にワン・ポイント・リリーフとして継いだ。孝盛は青年時代に心ゆくまで学問に没頭できた。そして、三四歳の時、孝盛は晴れて家督を継いだのだった。

当時の旗本を見ても、漢籍が読め、字や文章にも卓越しているという者は、それほど多くはなかった。

この孝盛の教養が、後年、彼の身を助けることになる。

母
森山孝盛

学問に身を助けられた森山孝盛

森山孝盛は、明和八年(一七七一年)三月二六日、三四歳の時に甥の森山盛明から家督を譲り受け、安永二年(一七七三年)四月二六日に大番士となった。孝盛の、旗本としての勤務の始まりである。

幕府旗本の軍事組織は、五番方といって、書院番、小姓組、大番、小十人組、新番の五つの組織がある。このうち、書院番と小姓組は「両番」と称され、家格の高い旗本や、親が顕職についている旗本が編入される。大番はその少し格下となる。旗本が家督を継いでこれらの軍事組織に編入されることを「番入り」という。

孝盛が番入りした大番は、全部で一二組あった。一組は五〇人で編成される。隊長は番《ばん》頭《がしら》で役高五〇〇〇石である。両番の番頭よりも格が高く、大名が任命されることもある。大番一組には、班長に相当する四人の組頭がいる。組頭は一一人か一二人の番士を統率するが、その他に古参の番士が「供頭《ともがしら》」となる。供頭は、旧日本陸軍の古年兵のようなもので、たいへんな権力を持っていた。

番入りした新人の勤めは、なかなか厳しいものだった。森山孝盛は番入りする前の気持ちを、こう回想している。

御番入《おばんいり》なんどして、見も知らぬ大勢の相番《あいばん》に朝夕交るべきことなんどは、いと怖ろしきことの様に心得居たり。

——御番入りなどして、まったく知らない大勢の同僚と朝夕交際することなどは、たいへん怖ろしきことのように思っていた。

孝盛は「万《よろ》づ内気にして、元より頑愚なる上に気張《きば》りなく」という性格だったから、番入りすることが怖ろしくてたまらなかったようだ。また、供頭については「彼供頭に向ひて頭をあぐる者さらになし。敬ひ恐ること神仏にも越えたり」と語っている。番入りした旗本が一番恐れたのは番頭や組頭ではなく、この供頭であった。叩き上げで出世していない分、若手に酷く意地が悪かったからだ。

大番は、三年に一度、大坂城や二条城の警備に派遣される。任地では毎日のように供頭のご機嫌伺いに行き、九つ時(正午頃)まで供頭の宿所に詰める。夜は夜で順番に供頭の宿所に詰め、四つ過ぎ(午後一〇時頃)まで雑談する。

朝な夕な、誰もが供頭にこびへつらい、彼の言うことは非でも理があるとし、酒席では芸が下手でも上手だとお追従《ついしょう》を言う。これが「古《いにしえ》よりの俗習」であった。

ところが、孝盛だけは、供頭にこびへつらうことなく、勤務をうまくこなしていくことができた。なぜか。孝盛のいうところを見よう。

翁は左《さ》もなく、実によきことはよきと称し、心に落ちざることは手をおさめ口を閉じて居たりし（後略）

――自分はそのように追従は言わず、ただよいことはよいといい、腑に落ちないことは手をたたいたりはせず黙っていた（後略）

つまり、心にもない追従などは言わず、是々非々の態度を貫いたというのである。これがよかったのかもしれない。びくびくしていると、そこに付け込まれてイジメに遭うこともままある。だが、堂々としていれば、かえって手を出しにくいからだ。

さらに孝盛は、他者には追随を許さない大きな〝武器〟を持っていた。それは漢籍が読め、文章も書けるという教養であった。これは、幼年期に母からたたき込まれた素養を下地としていた。このため、同僚の番士たちは孝盛に一目置き、孝盛をいじめるようなことはしなかった。

そうして付き合っているうちに、同僚の番士のなかにはさして優れた者はいないことがわかり、番入り前にはたいへん怖ろしいと思っていた勤務も、心やすく果たすことができたというのである。

母の教育のおかげで、孝盛は幸運なサラリーマン牛活のスタートを切ったのだった。

供頭
森山孝盛
森山孝盛
供頭

「自分が出世したほうがよい」という本音

一八世紀後期、森山孝盛が旗本として勤務し始めた頃は、旗本たちにそれほどの教養があったわけではなかった。

たとえば、孝盛が大坂勤番中に知り合い親友の間柄となった江馬平左衛門は、後年に御《お》納戸頭《なんどがしら》、小十人頭《こじゅうにんがしら》を歴任したが、無学であった。そのため、大坂在番中、孝盛は江馬に「四書」の素読を教えてやったという。しかし、孝盛は江馬を評して次のように記している。

俗人の習い、素読は字を覚ゆる為なりと心得たるこそ、本意なけれ。

——俗人の常ではあるが、（江馬が）「素読は字を覚えるためにするもの」と考えているのは、いかにも残念だった。

江馬は、せっかく孝盛が素読を教授したのに、儒学の教えを学ぼうというつもりはなかった。単純に文字を覚えるために素読を行っている、と思い込んでいたのだ。

また、こんな逸話もある。

孝盛は二条城へ在番していたが、孝盛が文章をよくすることを知っていた同僚たちは、番頭へ親類書（報告書）を提出することになった時、我も我もと孝盛に親類書の作成を頼みに来た。

孝盛は「一〇日のうちに一二通も書いてやった」と記している。二条城詰めの同僚は一一～一二人だから、組のほぼ全員が親類書を書くことさえも不安だったことになる。

こういうこともあって、孝盛は勤務にこそ慣れはしたものの、今ひとつ意に任せないのが〝出世〟だった。大番から宮仕え生活をスタートした孝盛には、将来にそれほど明るい展望はなかった。

孝盛の父盛芳《もりとお》は、大番士から転出して御鉄砲簞笥奉行を務めている。御鉄砲簞笥奉行は鉄砲簞笥を管理する役であるが、大番に毛が生えた程度の役職である。

宝暦七年（一七五七年）八月二五日、盛芳が死ぬと、森山家は孝盛の姉の二男・盛明が相続した。孝盛がまだ数えで二〇歳と若く、家督を継ぐには早すぎたからである。

宝暦一〇年九月一〇日、盛明は大番士となり、明和七年（一七七〇年）閏《うるう》六月二八日までの一〇年間にわたり番士を務めた後、森山家の嫡男である義弟（実は叔父）の孝盛を養子とし、家督を譲って隠居した。明和八年三月二六日、孝盛が三四歳の時である。

森山家の家禄は、知行三〇〇石に蔵米一〇〇俵だった。「知行」とは知行地（領地）から年貢を徴収する権利のことである。蔵米一〇〇俵は知行一〇〇石の年貢に相当するから、森山家の家禄は四〇〇石となる。これは鬼平とほぼ同等だが、森山家は先祖代々、大番士止まりというやや低い家格である。わずかに曾祖父が大番組頭になった程度だ。周囲を見回しても さして優れた者はいないと考える孝盛にとって、自分のように有能な者が大番士として一生を終えるのは無念だった。

孝盛はその頃の心情を、次のように表白している。

「愚かな人々でさえ大役を命じられて、馬や駕籠に乗っていかめしく世を渡る御時勢である。本当の賢人がいて、そのような人に大役が命じられるような正しい世の中ならば、自分のような(無能な)者が世に出ることは憚《はばか》りもあり、また人も許さないだろう。しかし、(愚かな者が跋扈《ばっこ》する)御時勢なら、自分のような者も少しは世に出てもよいのではないか」

自身を無能な人物に擬して謙遜して述べているが、自分の能力に対する自負を婉曲に主張している。つまり、裏を返せば、「愚かな者が大役に就くよりも、自分が出世した方がよい」と言っているのだ。

時はまさに〝賄賂《わいろ》政治〟で悪名高い田沼意次政権時代である。幕府の役職さえも、コネとカネで左右される時代となっていた。家格の低い孝盛にとっては、逆にチャンスかもしれなかった。孝盛は本気で出世をねらうようになった。

親類書
（報告書）

田沼意次に近づく秘策

森山孝盛の妻は、石野廣貞《ひろさだ》という旗本の娘である。病弱で、二人には子がなかった。しかし、孝盛には、部屋住みの頃から苦楽をともにした妾があった。孝盛はこの妾との間に、おりさという娘をもうけていた。

孝盛の日記『自家年譜』には、その妾のことを次のように書いている。

おりさ母、我等部屋住の内骨折り候事もこれ有り。

——おりさの母は、私が部屋住みの時分に苦労をかけたこともあった。

孝盛の結婚した年は不明だが、おそらく孝盛は独身時代におりさの母と知り合い、おりさをもうけていたと思われる。しかし、身分違いから二人の結婚は認められず、孝盛が家を継いでから石野家の娘を娶《めと》ったのであろう。

安永八年(一七七九年)、そのおりさに縁談がもちかけられた。依田兵庫という者の世話で、土方《ひじかた》久忠の二男仁十郎という者を婿養子にとるという話であった。

久忠は一〇〇〇石の旗本で、小姓組の番士である。だが、単なる旗本ではなく、その本家は伊勢菰野《こもの》藩一万石の藩主、土方家であった。

孝盛は当時四〇代、老年というほどではない。再婚の可能性もあり、また妾腹《しょうふく》に男子ができないとも限らないから少し躊躇した。

しかし、大番士の身では在番の単身赴任生活も多く、妻は病弱で子供ができる状況にはない。仮に再婚したとしても男子が出生する保証もないだろう。おりさももうすぐ成人となる。外に縁づかせるとすれば婚儀のための用意も必要であるが、そんな財産の余裕もない。

それならば、妾腹とはいえ惣領娘であるおりさに、立派な婿をとった方がよい。当時後継ぎのない旗本が妾をもつのは、御家存続のための半ば義務だった。しかも、おりさの母は単なる妾ではなく、孝盛部屋住みの頃からの相手である。

こう考えて、孝盛は土方仁十郎とおりさの縁談を進めることにしたのである。

しかし、孝盛が仁十郎を婿養子にとった理由はそれだけではなかった。『自家年譜』には、仁十郎を婿養子にとる理由を列挙した上で、次のような不思議なことを書いている。

(前略)仁十郎縁者これ無く候得共、兵庫進入候に任せ、縁談取り組み候事。外にも聊《いささ》か存じ寄りこれ有り、婿養子致し候事。

──(前略)仁十郎は縁者でもないが、兵庫が勧めてくれるので、縁談に取り組むことにした。外にもいささか考えもあり、婿養子にした。

田沼意次
養女
森山孝盛妻
養子
仁十郎
娘
妾

この孝盛の「存じ寄り」は何だったのだろうか。

おそらく、それは仁十郎の背後にある縁だと考えられる。仁十郎の父が小姓組の番士で、その本家は大名であったことはすでに述べた。これは魅力のひとつであっただろうが、それだけではたいしたつながりとは言えない。

しかし、土方家は単なる大名ではなかったのだ。菰野藩の当主土方雄年《かつなが》の妻は田沼意次の養女であり、しかも意次の三男を養子にとっていた。つまり、この養子縁組みは、並ぶ者のない権力者である老中田沼意次と、間接的ではあるが縁戚関係になることを意味していたのである。

なんとか出世を、と熱望していた孝盛にとって、このような縁戚ができることは貴重である。これこそが、孝盛の「存じ寄り」だったのだろう。

しかし、賄賂に目がない意次である。いかに遠縁に連なったとはいえ、それだけでは弱い。孝盛は菰野藩主の土方家に出入りし、自分を引き立ててもらうために必死の猟官運動を始める。

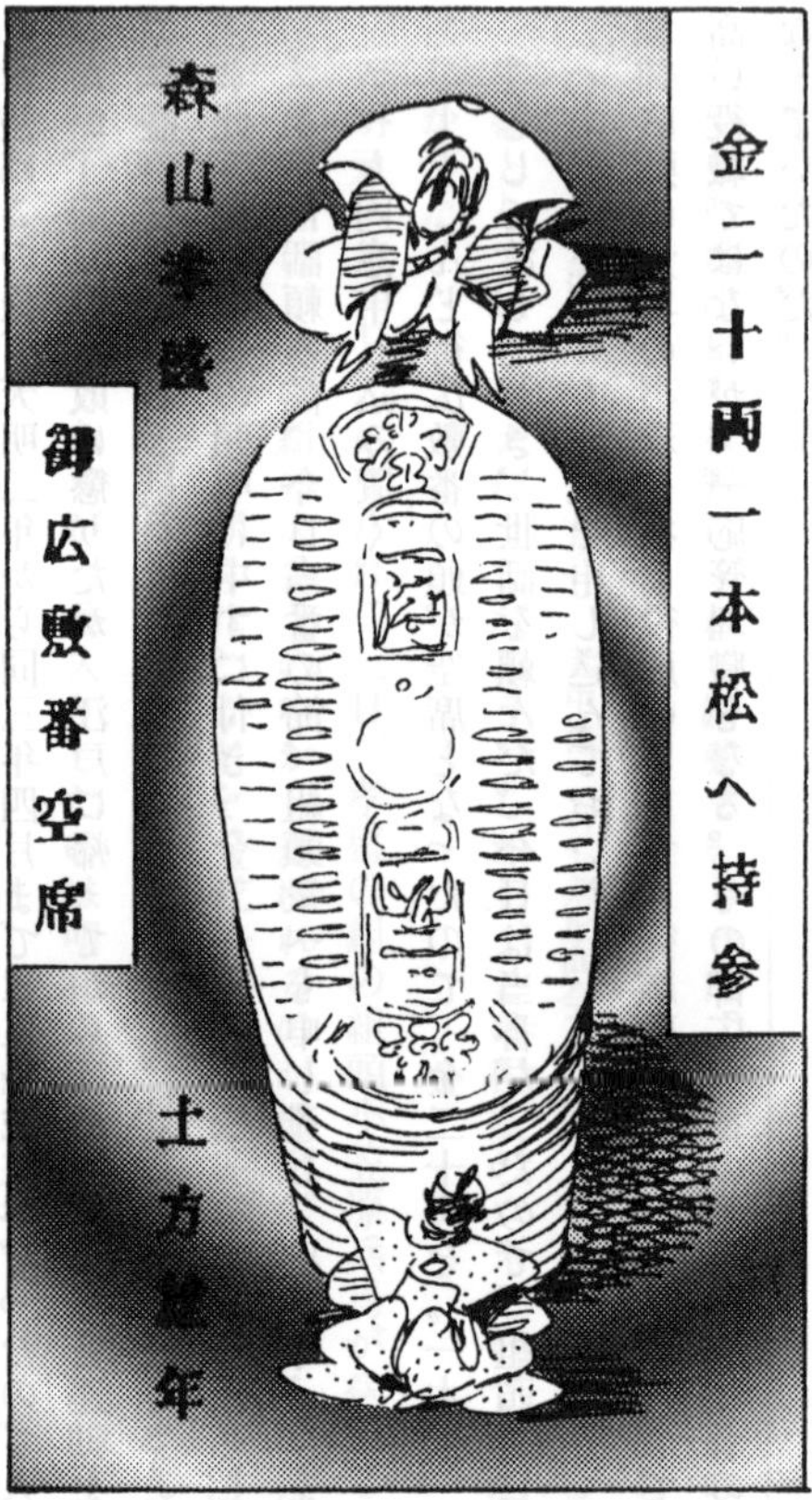
金二十両一本松へ持参
森山孝盛
御広敷番空席

で各方面への工作をしてもらう心づもりだったのだ。

また、「内意」とは、広敷番の頭への昇進を望んでいるということを指す。援助してもらえれば、それ相応の謝礼がしたいという意も含んでいたのかもしれない。

杉浦への内意の申し込みはそれなりの効果があったようだ。同月二八日、孝盛は杉浦の斡旋で幕府留守居の石川聰恒の屋敷を訪問している。留守居は顕職を務めた旗本が引退前に就く名誉職で、大奥の取り締まりにあたる。御広敷番の頭とは関係が深い。

こうした運動が実り、孝盛は御広敷番の頭の候補者に上げられたことを告げられた。期待に胸をふくらませた孝盛は、今度は遠縁である元大番組頭の朝比奈六左衛門(泰有、五〇〇石)の斡旋で、石川と同じく留守居を務める正木康恒にも会った。

準備は万端だった。だが、孝盛の期待は裏切られる。なぜか昇進は見送られたのだ。気の毒に思った土方雄年は、孝盛のために榊原遠江《とおとうみ》という祈禱師を頼んでくれた。初穂料は二〇〇疋《ぴき》(金二分)、七日間の祈禱であった。

孝盛は祈禱などまったく信じていなかったから、なんの慰めにもならないと思っただろう。しかし、である。なんとその三日後、小普請組組頭に空席ができ、孝盛が候補者になったという知らせがあったのだ!

そして借金が残った

天明四年(一七八四年)閏正月六日のこと、孝盛は上司の大番頭杉浦出雲守の用人から、小普請組の組頭候補として推薦されたと告げられた。

小普請とは、二〇〇石以上三〇〇〇石以下の無役の旗本のことを指す。彼らはグループごとに分けられ、一八世紀中頃には八組あった。そして、各組の上には小普請組支配が一人、組のまとめ役として組頭二名が置かれた。

小普請組支配は役高三〇〇〇石で、大身の旗本が任ぜられるため、知行四〇〇石ほどの孝盛には高嶺の花である。

しかし、小普請組の組頭なら、可能性があった。これは、課長クラスの典型的な中間管理職となる。大番の家筋だった孝盛にとっては、ちょうど家格に見合う願ってもない役職である。また、〝管理職手当〟も魅力だった。役料三〇〇俵が加えられたほか、二〇人扶持も付いたからである。

一人扶持は一日玄米五合に相当する。これを一年分に換算すると一石八斗、約五俵となる。その米の品質は粗悪で市中の引き取り値も低かったが、苦しい家計をやりくりする孝盛にとっては、何としてでもモノにしたいポストだったに違いない。

同月一二日、孝盛は小普請組の組頭たちによる面接を、もう一人の候補者とともに受けた。これが実質的に最終面接試験となる。

孝盛は「弥相違《いよいよ》これなき成就のため」（何が何でも就任したいため）、老中田沼意次の中老（家老の下）潮田内膳への付け届け金として一五両を捻出。これを潮田に渡してもらおうと、縁戚である雄年のもとに届けた。意次とも縁戚にある雄年は、孝盛にとって大切なコネだったのだ。

雄年も孝盛のために骨を折ってくれた。有力者を何人か紹介したり、またまた榊原遠江に祈禱を依頼したりした。

だが、孝盛はまたもや幸運の女神から見放されてしまった。昇進は見送られたのだ。

じつは、これには理由があった。孝盛が必死に猟官運動に励んでいる真っ最中の三月二四日、江戸城中で大事件が勃発したからである。田沼意次の嫡子で若年寄を務める田沼意《おき》知《とも》が、新番士の佐野善左衛門に斬り付けられたのだ。

意知は、そのまま屋敷に運ばれて治療を受けたが、四月二日に死去する。佐野の意知に対する私怨が原因であったが、佐野は〝乱心〟とされ、意知の死去後に切腹を命じられた。

こうして事件は処理されたが、権勢を誇った田沼父子を妬《ねた》む者が多かったため、佐野は

陰陽師
土方雄年
田沼意次
潮田内膳
森山孝盛
田沼意知

庶民から「世直し大明神」と称えられた。

しかし、結果的にとばっちりを食ったのは孝盛だった。頼みの意次は、息子が殺害される大事件が発生したため、小普請組の組頭の人事になど関わる暇がなかったのだ。

結局、残ったのは借金だけだった。孝盛の日記『自家年譜』の七月一六日条にはこう記されている。

茂右衛門、浅草蔵宿江遣わし、金拾五両借用。但、当暮御切米《おきりまい》五拾俵引き当て也。（中略）去暮より心願の儀に付き権門付届け等多く、初めて借用致す。

——茂右衛門を浅草の蔵宿へ遣り、金一五両を借用した。ただし、今年の暮れに入る御切米五〇俵で返済する予定だ。（中略）去年の暮れから心願（猟官運動）のために権門への付け届けなどが多く、初めて借金した。

倹約家で家計管理もうまかった孝盛だったが、猟官運動のために、ついに借金をする破目になったのである。

八両を投じた「大接待」の末に

天明四年(一七八四年)八月、またまた孝盛にチャンスが訪れた。御広敷番《おひろしきばん》の頭のポストが空いたのだ。孝盛にとって、このポストは因縁がある。前年にも空きが出たが、孝盛は候補に上がりながらも落選しているのだ。

今回は、大番からは孝盛のほか、大久保下野守《しもつけのかみ》組から前田勘解由《かげゆ》(政英《まさふさ》、蔵米二六〇俵)、水野壱岐守《いきのかみ》組から大久保内膳が候補に上がっていた。そして、この三人のほかにも候補者がいた。御広敷番用達《ようたし》(事務方)の田村金左衛門である。

田村は安永五年(一七七六年)八月二一日から御広敷番用達を勤めていたため、実務には精通していた。だが、ネックは家格が低いことだった。書院番の与力という低い身分から身を立て、当時は現米八〇石に過ぎなかった。現米とは、領地から年貢を取る知行とは異なり、役職に応じて米を支給されるという意味である。領地という家産を持たない、純粋なサラリーマンといったところだ。

一方、孝盛は知行三〇〇石・蔵米一〇〇俵の身分である。田村よりも家格は高い。孝盛は田村など敵ではないと思っただろう。

同月一五日、先任の御広敷番の頭による面接があった。

「今度こそは」と念じた孝盛は、再び祈禱師の榊原遠江を頼った。小普請組の組頭選任試験の際にも祈禱してもらった人物である。前回は功を奏さなかったが、藁《わら》をも摑む思いだったと考えられる。

さらに、孝盛は土方雄年にも頼り、雄年に意次の中老潮田内膳を饗応する席をもうけてもらった。雄年は内膳に孝盛の昇進を頼み込み、孝盛自身も袴地二反を贈った。

涙ぐましい(?)努力は続く。翌日、内膳の仲介で若年寄の酒井石見守忠休《いわみのかみただとし》に引き合わせてもらった。孝盛は鮮鯛一折を持参し、酒井の用人・加藤曾兵衛に対しても金二〇〇疋《ぴき》(金二分)を贈った。

だが、孝盛は三度《みたび》辛酸を舐めることになる。同月二一日、田村が御広敷番の頭に昇任したのだ。御広敷番の用達としての長年の経験が認められたのだろう。

孝盛はこのことを日記には何も書き記していない。よほど落胆したようである。

ところが、チャンスは四度訪れた。田村に敗れた直後の同月二九日、小普請組の組頭の石丸内膳が退役することになり、またまた孝盛が候補者になったのだ。だが、さすがに孝盛は弱気だった。孝盛の日記には次のようにある。

「旧冬から毎回運がなくて心願がかなわず、御広敷番の頭も駄目だった。今回も望みはな

森山孝盛
袴地二反
鮮鯛一折
金二百疋

いと思っていたが、一本松（雄年）がしきりに（猟官運動を）勧めてくれるので、上司の杉浦正勝の用人へ頼み、候補者として推薦してもらった」

九月一〇日、小普請組の組頭の面接があり、孝盛と西丸御納戸番の越智小十郎（道英《みちふさ》、三九〇石）が出頭した。

雄年は「今回は奥右筆《おくゆうひつ》の丸毛金次郎にも頼んでいるから、大丈夫だ」と孝盛を励ました。奥右筆とは老中の秘書官のことで、人事に隠然たる権限を持っていた。

同月一二日、孝盛は「高輪千歳屋」という丸毛が通っていた茶屋で、丸毛を接待した。雄年も遅れて合流し、賑やかに騒いだ。このドンチャン騒ぎには八両もかかった。

この効果は絶大だった。翌日、孝盛は「明日登城するように」と命じられたのだ。

期待に胸をふくらませて朝六つ半時（午前七時頃）に登城した孝盛は、しばらく控えていた後、右筆部屋縁頬《えんがわ》に呼ばれた。そこには老中が列座していた。そして、月番老中牧野越中守《えっちゅうのかみ》貞長から「小普請組支配組頭石丸内膳跡を仰せ付けられ、並の通り役料三百俵を下し置かる」と告げられた。待ちに待った大願成就であった！

出世のお礼で大散財

孝盛は念願だった小普請組の組頭に昇進した。その喜びは想像するに余りある。

しかし、大変なのはこの後だった。世話になった人に多額の御礼をしなければならなかったからである。

親類の土方雄年へは、一五〇両もの大金を謝礼として進上した。雄年は、何も好意だけで孝盛の心願を叶えてくれたわけではなかったのだ。

昇進に大きな役割を果たした奥右筆・丸毛金次郎へは、二五両の金を渡した。最初は二〇両の約束だったが、「少し色をつけろ」と、五両の上乗せを要求されてしまった。

大番頭・杉浦正勝へは七〇両を進上した。上司の杉浦も甘くはない。昇任に尽力してくれたのも、孝盛の能力や人柄を認め、好意で推薦しただけではなく、しっかりと見返りを計算していたのだ。

当時は、賄賂政治として悪名高い田沼意次政権下であった。このような世相のなかでは、彼らも次の出世のために資金が必要である。出世をするためには、経済的な余裕が絶対条件だったからだ。多額の礼金を支払う余裕のある者だけが、ポストの空きが発生した際に候補者として名前を挙げてもらえた。貧乏な者にはチャンスさえ巡ってこなかった。

しかし、孝盛はそれほど裕福だったわけではない。猟官運動中に接待や贈り物のために資金を使い、さらに任官後には計二四五両もの礼金を払っている。これは、知行三〇〇石・蔵米一〇〇俵の孝盛にとっては年収を超える額だ。いったい彼は、どうやってこの金を用意したのか？

じつは孝盛は、資金調達のために蔵宿から借金をしていたのである。小普請組の組頭に昇進した直後の天明四年（一七八四年）一二月一九日、孝盛は日記にこう記している。

孝盛は、いつも使っていた蔵宿の伊勢屋幾次郎に借金を申し入れた。ところが、伊勢屋には「(これまでも随分お貸ししているので)もう出せません」と断られた。

困り果てた孝盛は、知行所（領地）の名主・門十郎の勧めで、本郷元右衛門という者に借金をしようとした。ところが、その矢先、浅草の蔵宿・和泉屋喜平次という者の手代である儀兵衛が来訪し、このように語った。

「元右衛門の世話になることはありません。和泉屋がすべて引き受け、間に合わせますから」

小普請組の組頭に昇進した孝盛である。二四五両ほどの借金なら返済能力は十分にあると、和泉屋は踏んだのだろう。現代風にいえば、ローンの借り換えを勧める銀行員のようなものである。

喜んだ孝盛は、和泉屋に二五〇両の借金を改めて申し込み、伊勢屋から借りていた元利金一八〇両を返済した。

残金七〇両は生活費に充てることにした。孝盛が当てにしたのは、小普請組の組頭に与えられる役料(手当)の米三〇〇俵だった。これを日々の食糧となる飯米や家臣への扶持米に充てて、持ち高の蔵米(領地から上がる年貢米)一〇〇俵を借金返済分に充てるつもりだった。蔵米の方が市中の引き取り値がよいからである。これなら、約三年で利子も含めて返済できる。

しかし、こうしてプールした七〇両も、どんどん消えていった。孝盛は小普請組の組頭就任直後、同僚を招いた初寄合で金四五両も使っている。これは単なる饗応費に過ぎず、あまりにも法外な出費だった。だが、かといって饗応を吝嗇《けち》れば、同僚の不評を買って勤務にも差し支える。結局は、多額のカネを使わざるをえなかったのである。

このように、この時代は出世するのも難儀だった。収入増は期待できても、出世に伴う出費もバカにならない。しかし、旗本たちはそれでも出世したかった。旗本として生まれたのに、小普請や平の番士に甘んじるのは、やはり虚《むな》しかったのだろう。

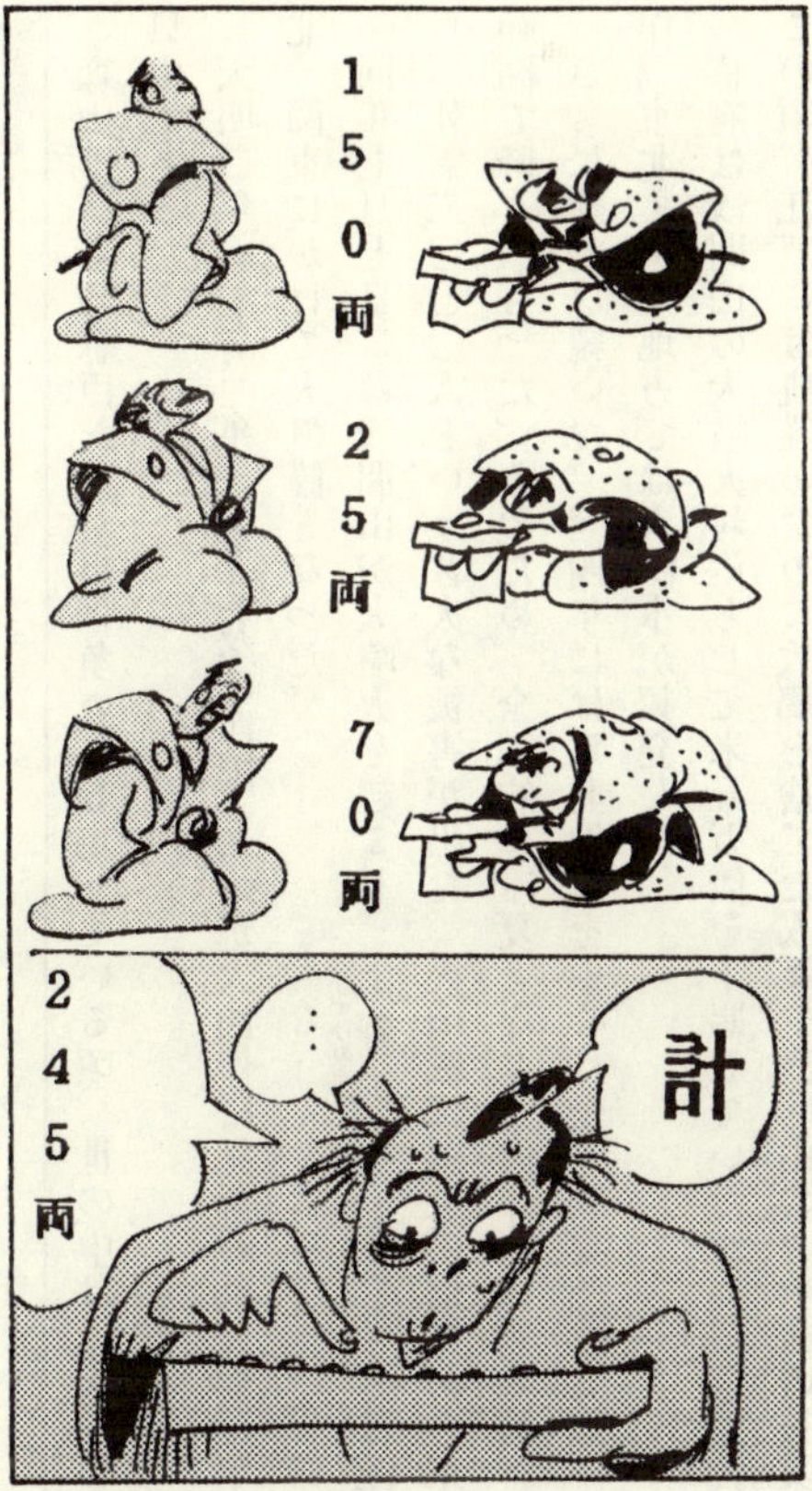
150両
25両
70両
計
…
245両

政治腐敗の陰で苦しんだ庶民

森山孝盛らの幕臣たちが出世争いに奔走している頃、世の中は「天明の大飢饉」の真っ只中であった。

天明二年（一七八二年）は東北及び四国・九州が大凶作に見舞われ、翌三年は蝦夷地から東北・関東にかけて大飢饉となった。

同年七月七日には浅間山が大噴火を起こし、上野国《こうずけのくに》（現、群馬県）では流失家屋一八〇〇戸、死者二〇〇〇人という甚大な被害が出た。火山灰は関東甲信越から東北地方という広範囲で降り積もった。そのため、全国的に冷夏となり、農作物にも大被害を与えた。

さらに悲劇は続いた。翌四年には東北地方を中心に全国的な凶作となり、同六年も大凶作。東北・関東地方では大洪水が頻発した。

幕府は浅間山の大噴火対策として米五万俵を下賜していたが、結局は焼け石に水だった。この頃、江戸には飢饉のために故郷を捨てた人々や浅間山の大噴火の被災者が、大勢流入してきていたからだ。

幕府は飢人のうち、出身地がわかる者についてはその地の大名へ引き渡し、何とか無宿人の一極集中を避けようと努めていた。だが、そんなことで片づく問題ではない。

下町辺りの裕福な町人は米三万俵を用意し、飢人に粥などの施しを行った。だが、際限なく飢人がやってくるため、ついに施しをやめざるをえなかった。

赤坂（現、東京都港区）は菰《こも》をかぶった乞食体の者でいっぱいだった。また、大名屋敷の門前には数多くの捨て子が放置され、隅田川などに身を投げて死んだ者も多かった。

経済も大混乱となった。米価は一〇〇俵につき八〇両と倍近くにまで高騰し、米ぬかでさえ一升につき二〇銭の値がついた。江戸市内の米不足に悩んだ幕府は、京・大坂・駿府・甲州といった直轄都市や諸国の城付米《しろつきまい》を江戸に回漕させた。

城付米とは幕府直轄地から上がる年貢のことである。これは戦乱などの非常事態に備えて、諸国の大名に兵糧米として預けられていた。ところが、幕府はこれをすべて召し上げたのである。

大名たちは困惑した。城付米を奪われたため、飢饉に苦しむ領民に施しを与えることができなくなったからだ。

悪政に走った藩もあった。たとえば、津軽藩は四〇万俵の米を江戸・大坂に廻米して利益を上げ、農民には米納を強制した。そのため、藩内の米が払底し大飢饉となった。領民の逃散《ちょうさん》が相次ぎ、秋には町方・村方ともに食糧が尽きた。牛馬や犬猫、草や木の根なども食べ尽くし、餓死者が続出した。飢えに瀕した者は死人の肉なども食べるという惨状だったという。

孝盛の日記である『自家年譜』にも、次のような哀れな光景が書き留められている。「東海道の道端に、男が瀕死の状態になって倒れており、その傍には女房と見える者が青ざめた顔で連れ添っていた。だが、三歳ばかりの小児は勝で元気よく遊んでいる。両親は、道行く人から少しずつもらった施し物を、すべてわが子に食べさせていたようだ。大変に哀れな様子だった」

これは京都に在番している大番士の家来が江戸に帰る道中で見た話である。子を思う気持ちは今も昔も同じである。

津軽地方などに比べれば、東海地方の食糧事情はまだいいほうだった。だが、それでもこうした悲劇は散見されたのである。東北地方の状況は推して知るべしだろう。

諸国ではこれほどの惨状を呈していたにもかかわらず、孝盛をはじめとした旗本たちの頭には、立身出世のことしかなかったようだ。出世してこそ幕政に当たれるという考えもあったろうが、それは口実にすぎない。

庶民の怒りの矛先は老中田沼意次へ向けられた。ただでさえ賄賂政治と悪評高かった意次は、こうして失脚することになるのである。

浅間山の大噴火
旗本は出世に奔走

部下の心を打った孝盛の人徳

森山孝盛は激しい猟官運動の末、ようやく小普請組の組頭（以下、組頭と略）に出世した。だが、孝盛は着任早々、失望を禁じえなかった。孝盛は同僚たちの無能・無才ぶりに呆れ、「その頃の同役（同僚の組頭たち）のならはし（風習）は筆紙に堪えざる事」と日記に書いている。

その理由の一つは、同僚たちが見せるがめつさだった。組頭の新任者は同僚を接待しなければならず、その費用は四八両もかかった。これは、孝盛のような禄高四〇〇石ほどの旗本にとって年収の四分の一にも相当し、大きな負担となった。当時の旗本は奢侈《しゃし》に流れ、「只飲食の好悪、酒菓魚物の大小に心を尽し」といったありさまだったのだ。

もう一つは、組頭が部下イジメに走ったからである。組頭は無役の旗本・御家人を統轄する、中間管理職の職責を担った。だが、彼らは低給にあえぐ部下たちの窮状を察しないばかりか、自分の都合のいいようにこき使っていた。たとえば、組頭は部下を何度も呼びつけたが、用件とは願書（書類）の処理など、とるに足らぬが手間のかかることばかり。しかも、家禄一〇〜三〇俵の御家人にとって、願書用紙を自腹で用意するだけでも負担は大きかった。

さらに、ようやく用紙代を捻出しても、漢籍などの教養がないために文章を書けない者も多い。彼らは手習いの師匠などに依頼するなどして、願書を作成していた。

ところが、やっとの思いで提出した願書を、組頭が受理してくれないのだ。本目《もとめ》権兵衛《ごんぴょうえ》という者は「この願書は例文と違う」「書体が不適切だ」などと難癖をつけ、せっかくの願書を突き返していた。孝盛はこうした態度を「かえすがえすも有るべき取扱とも思」えず、苦々しく感じていた。

孝盛は自分の組の者が書付《かきつけ》を持ってきた時、たとえその内容に不備があっても、「この書付は採用し難いが、そうはいっても書き直すことは簡単にはできないだろう。こちらで書き直してやるが、印判は持ってきたか?」

と、懇切丁寧に対応していた。部下たちはこうした配慮に感激し、頭を畳にこすりつけて帰っていった。

また、こんなエピソードもある。一〇〇~一五〇俵ほどの旗本は組頭に〝お目見え〟(挨拶)ができる身分だったが、経済的に下僕一人を使うこともできず、自ら米や薪を持ち運ぶほど困窮していた。だが、お目見え以上の身分の彼らは外出時には必ず下僕を帯同することと定められていた。そのため、こういう旗本たちは組頭のもとへ挨拶へ伺おうにも、下

である。その鋭い指摘は幕臣の間でも共感を呼び、植崎の意見書を書き写して回覧するほどだった。

これを聞いた孝盛は、「心底羨ましく、自分も幕閣の目を惹きたいと思った。孝盛はさっそく意見書を書き上げ、これを友人の目付・中川勘三郎（忠英《ただてる》）に託した。孝盛の自叙伝『蜑の焼藻の記』にはこうある。

「自分の立身のために、それほどでもないことを挙げて、（意見書を）提出する者が多かった。だが、自分は何心なく、いつも心に考えていたことを書きつけた。大したものではなかったが、意見書は賢愚厚薄を問わないとされていたので、定信様にツテのある中川に『ともかくもし給え』といって（意見書を）預けた」

孝盛が、意見書を書いた際の心境を「何心なく」（なんとはなしに）と表現し、中川への依頼も「ともかくもし給え」（適当に取り計らってくれ）と言っている点がおもしろい。謙譲の美徳たっぷりの書き方だが、じつはやる気まんまんの孝盛。中川に語りかけるその目も、「ぜひ定信様に届けてくれ！」とギラギラ燃えていたに違いない。

幸いなことに、孝盛の意見書は定信の目に止まり、定信は大いに感心した。定信政権の到来で、孝盛の立身の道も開かれていったのである。

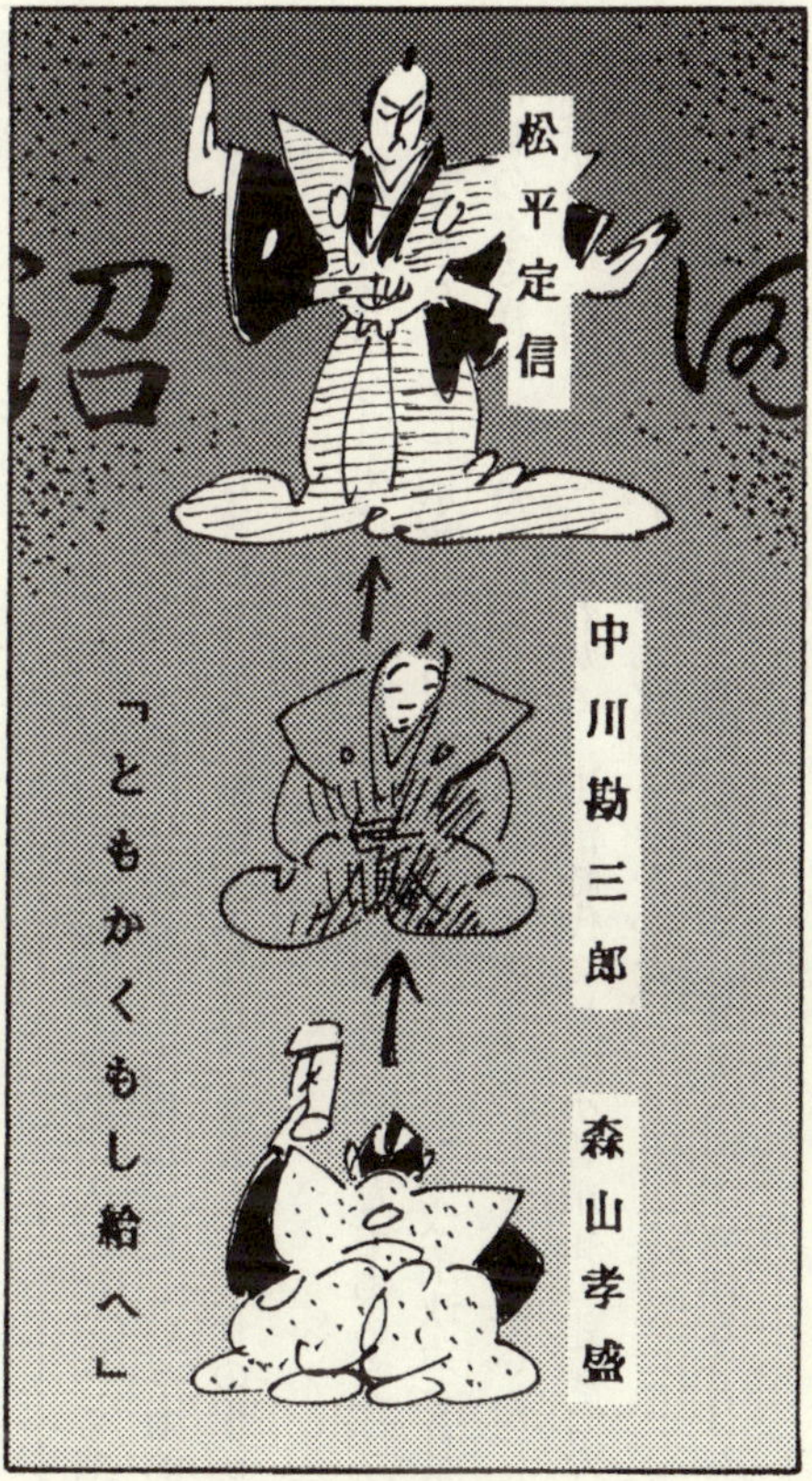
松平定信
中川勘三郎
森山孝盛
「ともかくもし給へ」

江戸の女性の心を動かした松平定信

賄賂政治で有名な金権老中、田沼意次の失脚は、当時の人々にとって朗報だった。

そして、新しく老中首座になった松平定信は、八代将軍の孫という血筋のよさと白河藩主として藩政を改革した実績を持ち、精廉潔白な政治家として、世の中から歓呼の声で迎えられた。

世間の期待度から言えば、発足直後の小泉内閣をしのいだであろう。

以前紹介したように、小普請組の組頭森山孝盛も、定信の改革政治を目の当たりにして、「誠に齢のぶる様に覚えたり（本当に寿命が延びる気がする）」とまで書いた。

孝盛が定信に期待するのはわかる。田沼時代には、小普請組の組頭になるのに、貯金を全部はき出し、借金までしなければならなかった。

ところが定信の時代になると、幕臣から広く意見を求め、有能な者はお金を使わなくても上から引き上げてくれるのである。

目付を務める中川勘三郎（忠英）と親しい孝盛は、彼を通して意見書などを上げ、定信の目にとまることを期待していた。この希望は、そのうち実現することになる。

田沼意次の失脚は、江戸における天明の打ちこわしなどを契機としており、政権交代に民衆の動きが関わった希有な事例である。もちろん、一〇代将軍家治の死と新将軍の実父である御三卿一橋治済の策動もあったのだが、世間の評判も無視できないものとなっていた。

現代政治においては、女性の支持を集められるかどうかで選挙の帰趨が決まるが、江戸時代は、女性層の支持などは考えられない。ところが、青年老中松平定信の登場には、大奥の女中たちも喜んだし、心を動かされた江戸の女性もいる。『よしの冊子』に、次のような話が収録されている。

此間、四十歳位に相成り候女、町奉行所へ罷り出、私は越中様（松平定信）の御妾に相成り申し度と願い候に付き、大いに叱り付け、返し候由。其後又々西下（定信の屋敷）へ直に罷り出、御妾に御抱え下され候様にと願い出候に付き、公用人に大いに叱られ帰り候よしのさた。

——最近、四〇歳ぐらいになる女が町奉行所へ出頭し、「私は越中様の御妾になりたい」と願ったので、奉行所ではその女を大いに叱り付け、追い返した。しかしその女は、今度は定信の屋敷へ直接出頭し、「御妾に御抱え下され候ように」と願い出たので、公用人（定信の秘書官）に大いに叱られ、帰ったということです。

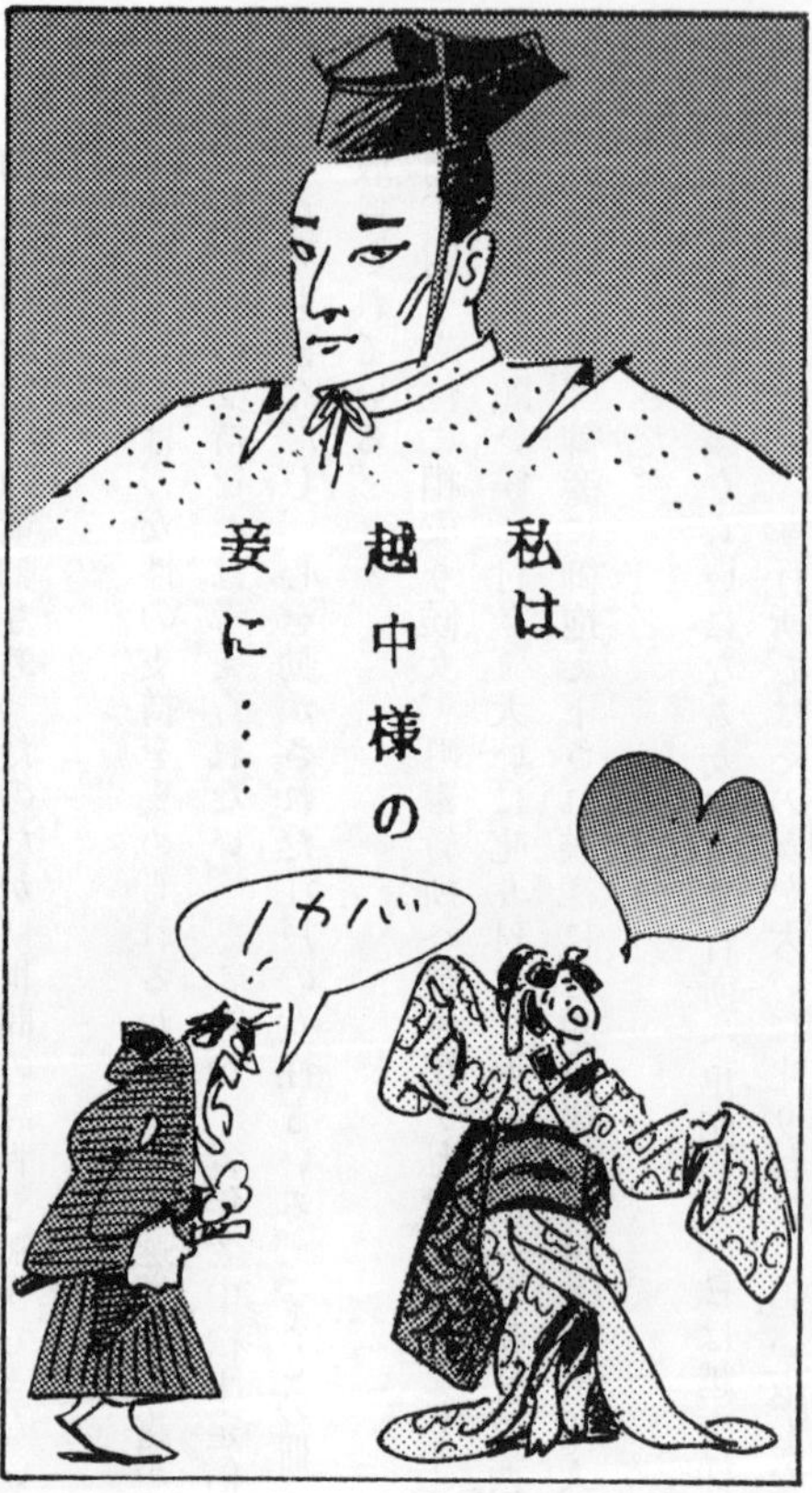
私は越中様の妾に……
バカ!!

定信の評判に心を動かされ、妾になりたいと名乗り出た女がいたのである。これほどに、老中就任当時の定信の人気は高かったのだ。

先日、新聞を見ていたところ、女性週刊誌の広告があり、次のような見出しがデカデカと載っていた。

「スクープ‼ 小泉総理を悩ます女（美人）ストーカー執拗求愛」

読んで見ると、小泉人気の余波で、小泉氏を見て好きになった女子高校生がいるという他愛のない記事だったが、中に書かれている数年前の中年女性の話の方が興味深かった。

記事によると、二人の中年女性が小泉氏の自宅におしかけ、妻になりたいと申し出たらしい。秘書官が説得しても、納得せず、なかなか帰ろうとしなかったという。

江戸時代なら、大いに叱って帰すのだろうが、現在では押しかけ妻志願者を叱るわけにもいかない。それにしても、今も昔も似たような女性がいるものだ。

幕政改革の意見書に込めた野望

老中首座となった松平定信が幕臣に意見を上申することを奨励した通知は、森山孝盛が所属する小普請組にも来た。支配の酒井因幡守忠敬は、組頭の孝盛と本目権兵衛を呼んでこう告げた。

「公のためになることはもちろんだが、お前たち組頭が少しでも考えていることがあれば、(定信様に届けるから)何なりと私に申し出よ」

孝盛は有頂天になった。自分をアピールする絶好のチャンスである。ところが、脇にいた先輩組頭の本目は酒井にこんなふうに答えた。

「同僚などと相談したうえでお答え申し上げます」

孝盛はあきれ果てた。複雑な案件を処理する場合ならともかく、「誰でもいいから意見を出せ」というのに、なぜ協議が必要なのか。しかし、先輩の言うことだから仕方がない。渋々とこれに従った。

小普請組の組頭たち二四人は、寄合の席を設けて協議することになった。だが、誰も意見を出す者がいない。孝盛も「わざわざ自分の意見を披露して、同僚に利用されてはたまらない」と思い、お手並み拝見を決め込んでいた。こんな次第で、協議はまったく進まないまま寄合は終了したため、本日は「意見なし」と結論付けようとした。

孝盛は本日に尋ねた。

「先日の因州（酒井忠敬）のおっしゃったことを、どのようにお考えですか」

「寄合を開いても、誰も意見を言わないし議論さえもなかった。貴殿から因州にそのように報告してくれ」

「じつは、拙者には意見したいことがあります。もし、その内容に同意していただけるなら幸いですが、そうでないなら拙者一人で言上《ごんじょう》します」

孝盛はこう言って、自分の意見の内容を本目に告げた。

だが、本目は孝盛の考えに同意するかどうかも答えず、「とにかく拙者には考えがないので、貴殿のいいように取り計らってくれ」といった。

孝盛と違って、普段から幕政改革の志を持っていたわけではない本目は、孝盛が意見したいなら「どうぞご勝手に」と下駄を預けたのだ。

一応は先輩の了承を得た孝盛は、自分の考えを一書に認《したた》め、これを酒井に提出した。

孝盛の意見は何項目かあったが、なかでも注目を集めたのは「小普請組の世話役の待遇改善」の項だった。

小普請組とは、無役の旗本・御家人たちのグループを指し、これを管理するのが支配と組頭だった。そして、このほかに、御家人のなかから三人ほど「世話役」が選出された。だが、これは公式に任命された役職ではなく、いわば部内限りのものだったため、役職手当はつかなかった。

孝盛はこれを案じて、世話役には〝役金〟の一部を免除してはどうかと提言した。役金とは、小普請金（公共建物などを工事・補修するための費用）のことである。当時、無役の旗本・御家人たちは、なけなしの収入から一定額の役金を上納しなければならないとされていた。孝盛は、世話役に就いた者に手当をつけることはできないにせよ、せめて役金は一部減免してやりたいと意見したのである。

はたして、この建議は認められた。幕府は、世話役の負担度に応じて、役金支払いを一部免除することにした。

孝盛は後年に記した自叙伝『蜑の焼藻の記』中で、「これは、私が人知れず行った大きな功績だった」と得々と書いている。

孝盛は自分の意見書が幕閣の間で評判になり、顕職に抜擢されることを夢見ていた。

しかし、そう簡単にはいかなかった。一部の幕閣は孝盛の力量を認めるようになったが、このような才気溢れる言動を〝スタンドプレー〟と受け取る向きもあったからだ。

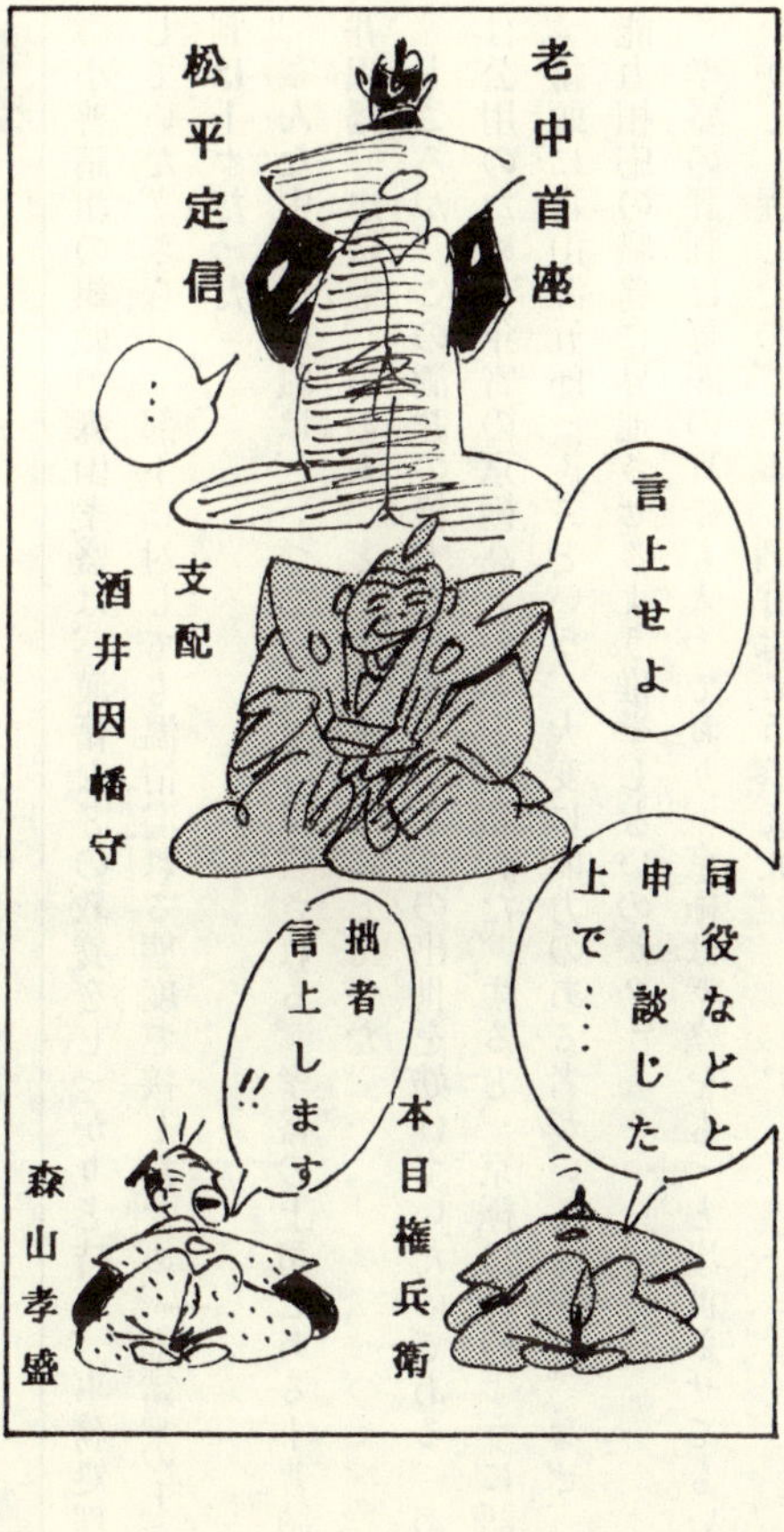
老中首座
松平定信
…
言上せよ
支配
酒井因幡守
同役などと
申し談じた
上で…
本目権兵衛
拙者
言上します!!
森山孝盛

時には仇となる上司の信頼

小普請組の組頭の森山孝盛は、漢籍などの教養をしっかりと持ち、事務処理能力も卓越していた。さらに、部下に対しても温情溢《あふ》れる態度で接したため、〃理想の上司〃として評判は上々だった。

こんな中間管理職は、いつの時代でも重宝される。孝盛の上司である小普請組支配の酒井因幡守忠敬も、事あるごとに孝盛を頼りにしていた。

ところが、この酒井の絶大な信頼が、孝盛の出世を妨げていたのである。ある時、酒井は公用のため若年寄の京極高久のもとを訪れた。すると、京極はこのように語った。

「組頭に森山源五郎（孝盛）という、大変に能力のある者がいると聞く。なぜ、貴殿は彼を能力相応の職務に昇進させるよう推挙しないのか？」

孝盛の評判は幕閣の耳にも入っており、京極は孝盛をもっと出世させてもいいのではないかと、促したのである。酒井はこう答えた。

「確かに、森山は私の部下です。森山が重要な御用にも役立つ者であることは承知しております。しかし、現在、彼は小普請組の監督の職務や、小普請組で進めている改革などを一人で担っております。いま森山を手放すと、小普請組の仕事が滞り、うまくいかなくなってしまいます。そのため、森山を（上位の職に）推挙しなかったのです」

そうはいっても、困るのは孝盛だ。上司の信頼はありがたいが、そのために出世が遅れるとあっては泣くに泣けない。酒井も京極に言われて、このままでは自分の評価にもかかわると気づき、ようやく手立てを講じはじめた。

酒井は孝盛を呼んで、このように語った。

「足下（お前）を上位の職に推挙する時期が来たようだ。だが、いま慌てて推挙するのは、なんとも時期が悪い。出世は出世でも、御納戸《おなんど》頭《がしら》や御腰物奉行などの比較的格は高いが、それほど大切な役目ではない職に就かされてしまう恐れが高いからだ」

一応、酒井なりの配慮はしている。タイミングを待てといわれてはいるが、とりあえず孝盛の出世の道は拓かれたのである。

孝盛は狂喜した。ようやく自分の能力が認められたのである。それも、上司が確実に昇進させると言うのだから、これ以上心強いことはない。

孝盛の見るところ、酒井は孝盛を目付に推挙しようと考えているようだった。目付は出世の登竜門とされ、本来なら、大番の家格の孝盛には望むべくもない顕職だった。

だが、政権を握った定信は、実力登用主義を打ち出している。「自分にも可能性はある」

〝敵〟は悪い噂と部下の不祥事

松平定信が老中首座となって三年が経った寛政二年(一七九〇年)九月朔日、森山孝盛は御徒頭に昇進した。

御徒組とは、江戸城玄関の警備や、将軍の外出時の身辺警備を行う職だった。御徒組を率いる御徒頭は、小十人組の頭や使番《つかいばん》と並ぶ旗本のエリート・コースとされており、慣例により両番(書院番・小姓組番)筋の家柄の者が任じられることになっていた。

一方、孝盛は大番筋の家柄である。両番よりも家格が低く、通常なら御徒頭は手の届かない役職である。だが、定信は慣例を破り、孝盛を抜擢したのである。

ところが、孝盛は内心では御徒頭ではなく、目付に昇進することを期待していた。そのためか、やや不満げな表情を浮かべていたようである。

孝盛は、この不満をあからさまに口に出したりすることはなかった。だが、人の噂は恐ろしい。孝盛の本心は見抜かれていたのだ。定信が側近に命じて作成させた隠密情報集『よしの冊子』には、次のように記されている。

「大番筋の森山源五郎孝盛が御徒頭に任命されたのは、誠に御厚恩(大変な抜擢)であり、森山は多額の御足高《おたしだか》を取ることにもなったはずだ。だが、森山は御徒頭では不足に思っているらしい。人間は満足することを知らないからこそ苦しむという古いことわざも、もっともなことだと、周囲では噂されているということだ」

御徒頭の役高は一〇〇〇石で、孝盛の家禄は四〇〇石なので、役高との差額六〇〇石分を新たに支給されることになる。「莫大之御足高」とはこれを指している。つまり、年収が倍以上になるのだ。それなのに孝盛は、足ることを知らずに不満を抱いているらしい、と噂されていたのだ。

こうした噂で上司の不興を買うというケースは、現在のサラリーマン社会でもままある。孝盛を襲った秘められた〝危機〟だったといえよう。

結局、この噂は孝盛の身に累を及ぼすには至らなかったが、孝盛は御徒頭在任中、一度だけ職を失いかねない危機に陥ったことがあった。

寛政三年正月二四日、二代将軍秀忠の命日にあたるこの日は増上寺で法事が催され、将軍も増上寺に参詣した。そのため、孝盛らの御徒組も警備のために出動していた。

事件は、将軍の参詣が無事に終わり、帰途についた最中に起きた。孝盛の後から尾張家の小姓の家来であるという若い武士が追いかけてきて、孝盛に対してこう言った。

「私たちの主人の家来とそちらの御供の衆が口論しているので、しばらくお控えください」

主人の家来と
御供の衆が
口論して

孝盛は仰天した。自分の部下が、御三家筆頭の尾張家の小姓の家来と喧嘩をしているというのだ。急いで供を顧みると、確かに草履取りと長柄(槍)持ちがいない。尾張家とトラブルになるなど、言語道断である。あまりにも相手が悪すぎる。下手をすると、孝盛も監督責任を問われ、謹慎どころか、最悪の場合はクビにもなる。

孝盛は慌てて増上寺の裏門まで戻ったが、すでに部下の二人は町奉行の同心に捕らえられ、奉行所に連れて行かれてしまった後だった。孝盛は喧嘩騒動の後始末を内々に済ませようとしたが、喧嘩相手の上司である尾張家小姓は勤務が続いていたために面会できなかった。

万策尽き果てた孝盛が懊悩《おうのう》していたところ、尾張家の目付がやって来て、こう告げた。

「此方においては存寄《そんじより》これ無し」

尾張家はこの件については問題にしないというのだ。

心底ホッとした孝盛は、家来に二人の身柄を受け取りに行かせ、騒動は一件落着した。

上に立つ者は部下のつまらない不祥事が原因で、それまでの苦労を棒に振ることもある。これまた、現代のサラリーマン社会と同じである。

森山孝盛の「冷たい」答申

寛政三年（一七九一年）五月一一日、御徒頭の森山孝盛は念願だった目付への昇進を果たした。

目付は御使番・御徒頭・小十人組の頭から任用されることが多いとはいえ、孝盛のような大番の旗本が任じられるのはきわめて珍しい。孝盛の能力が一際目立っていたのだろう。

ただし、そのような人事であったため、周囲では次のように噂されている（『よしの冊子』）。

森山源五郎是又仕合《しあわ》せ、外に目付に成そふナ人もなかったかとさた仕り候由。御徒頭にては、植田十郎兵衛世話をやき精勤に御ざ候処、森山に先《せ》ンを越され候に付き、大不平意に御ざ候由。

――森山源五郎はこれもたいへん好い具合で、（旗本たちは）ほかに目付になりそうな人もあったのではないかと噂しています。（森山の同僚の）御徒頭の中では、植田十郎兵衛という者が部下の世話をやき精勤に務めていましたが、森山に先を越されたため、大いに不満であるということです。

しかし、この人事は、孝盛の人物と学問を評価した定信の抜擢であった。このほかにも、一橋の家老森肥後守（忠篤《ただあつ》、三〇〇〇石）が、大目付か大番頭かと噂されていたところ、御側になり、書院番頭秋元壱岐守（茂朝《もちとも》、四〇〇〇石）は大番頭になり、矢部彦五郎（定令《さだのり》、蔵米三〇〇俵）は孝盛の後任として御徒頭になった。

これらがこの年の定信の抜擢人事であった。秋元は、最初から「御見出《おんみいだ》しの人」で、大番頭になるのも遅いぐらいだとささやかれ、矢部は、大番筋の旗本だったが、学者気質で人物もよく、色々と諮問されることも多かったという。

孝盛が目付になると、定信は孝盛にさまざまな下問を行った。孝盛は有頂天だった。

孝盛が下問された案件は、「医師の減禄」と「甲府勝手小普請の改革《かって》」だった。

医師の減禄とは、技術の劣る奥医師（将軍の侍医）の知行を削減すべきか否かという案件である。一方、甲府勝手小普請の改革とは、甲府勝手小普請に貶《おと》された旗本の知行を削減すべきかどうかという案件を指す。甲府勝手小普請は「寛政の改革」当時に始まった制度で、不行跡の目立つ旗本を甲府に強制的に移住させることをいう。「遠方で反省せよ」というのだ。だが、往々にして、これらの問題旗本は江戸で作った借金を放置し、気分も軽やかに仰々しい行列を仕立てて甲府に旅立ったため、戒めになっていないではないかという批判が起きていた。

孝盛は、まず医師の減禄についてはこう答えた。

「奥医師は祖先が名医だったため、高禄を賜った者たちです。しかし、その子孫は元祖に及ばず、高い知行に安住して下手になっていくばかりです。最近、（お上は）医師としての腕がなく御用に立たない者は減禄すると仰せ出されましたが、実際には減禄された者がいないため、痛みがなくなれば、また元のように怠けてしまいます。一人二人でも実際に減禄すれば、ほかへも影響を与え、真剣に腕を磨くようになるでしょう」

要するに、下手な奥医師の知行などは見せしめのために削ってしまえ、と強硬な意見を提出したのである。

一方、甲府勝手小普請については、こう答申した。

「どれほど不敵な者があっても、それは負け惜しみです。なんとも思わないふりをして虚勢を張っていますが、本心では違います。江戸を離れて甲府に永々と住むことになれば、妻子は嘆き、自分の将来もどうなるだろうと不安に思っているものです。腕の落ちる医師は不利益ですが、武士は多少の問題があっても、もしもの時には使いようがあるでしょう。甲府勝手小普請の改革は、医師の減禄を実施した後でも遅くはありません」

孝盛も番士系の武士には甘い。孝盛自身も出世のために多額の借金を作ったため、同じ

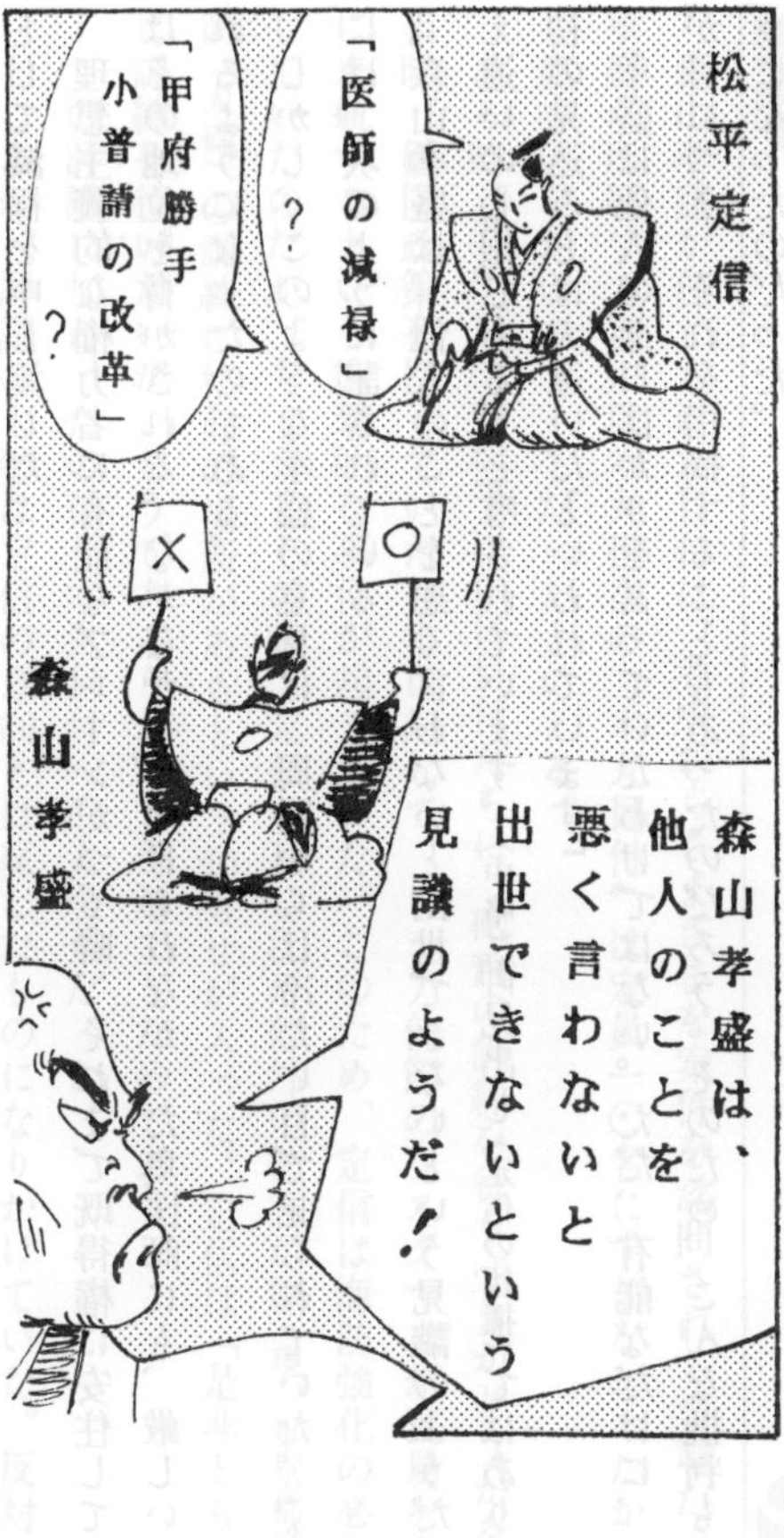
松平定信
「医師の減禄」
？
「甲府勝手
小普請の改革」
？
森山孝盛
森山孝盛は、
他人のことを
悪く言わないと
出世できないという
見識のようだ！

これに対して、孝盛はたった一人で反論した。「最近では多くの者たちが、『武士は武芸を磨くべし』という定信様の御達しに従い、武芸の練磨に励んでいる。大筒の訓練も行い、難しい技術を教え伝えるべきだ」と主張したのだ。

評議は紛糾したが、間宮信好《のぶよし》が折衷案を出した。

「九人は同じ存じ寄り（訓練実施に反対する見解）を申し上げ、足下（お前）は一人別意の趣（賛成の見解）を文書の末に書いて提出してはどうか」

これが容れられ、孝盛だけが同僚と異なる意見を出したが、なんと軍配は孝盛に上がった。定信は孝盛の見解をよしとして、〝逆転評決〟を下したのだ。数日後、孝盛の主張どおり、徳丸が原の砲術訓練の実施が決まった。孝盛は大得意だったに違いない。

また、こんなエピソードもある。

寛政五年（一七九三年）、定信は関東地方の海岸の調査を目付に命じた。この海岸見分は、当時懸案とされていた江戸湾の海防のためのものであり、定信がもっとも深く心を砕いていた案件だった。同年三月一八日には、定信自身も相模・伊豆の見分に立ち会うため、江戸を発った。

孝盛はここでも面目を施した。孝盛は定信よりも先発して伊豆国下田まで行き、帰路に箱根を越えて鎌倉に入り三崎にまで出た。そこで定信の指示はなかったが、ついでに鎌倉

本丸目付
孝盛
大筒は
？
松平定信

なぜ、定信は「布衣以上の者を試験対象にしない」と決めたのか。その真意は、現代風に翻訳するとわかりやすい。

定信が行おうとしたのは、パソコン技能や英会話の〝実力テスト〟のようなものである。現在、多くの企業ではパソコンが使えるかどうか、または英会話ができるかどうかが、出世のためのハードルとなっている。しかし、そうはいっても、年配の部長や課長にも英会話やパソコンの試験を行うといったら、どうなるだろう。四〇〜五〇歳代のパソコンを使わない人々などはパニックになるに違いない。

定信が懸念したのは、これと同じことだ。孝盛が疑問に思ったように、当時は重職にある旗本といえども、学問が苦手な者は多かった。そのため、幕政を預かる重職の面々に試験を課しても、お粗末な結果しか出ないことは目に見えていた。定信は無用な混乱を招くことを恐れ、「そもそも布衣以上の者は学問があるはずだから」という名目で、試験の実施を回避したのだ。

さて、こうして中堅以下の旗本の試験が実施されたが、これがうまくいかない。

試験は湯島聖堂の儒家が行い、旗本の素読や講釈の力を見るというものだった。こうして儒家が「上科」（合格）、「下等」（不合格）を判定した。ところが、旗本たちの実力を正確に判定できないという問題が生じたのだ。

中国の科挙の制度に準じ……
幕府でも……
松平定信
上科！
森山孝盛

日頃、浄瑠璃や三味線にうつつを抜かしていた「血気放蕩《ほうとう》の輩」は、試験の一～二ヵ月前に素読・講釈の意味もわからず、知己である儒家に教えられた内容を丸暗記した。すると、試験当日は一字一句間違えずに答えられるため、儒家の評価は「上科」となる。

だが、日頃まじめに学問に励み、書籍にも親しんでいた者たちは、なまじ知識があるために自然と自分の見識も混じり、試験では解答に迷ってしまう。すると、儒家の評価は「下等」となったのだ。

こんなケースが多発したため、「儒家の判定基準はおかしいのではないか」という声が上がり、試験実施の最初の年は評価が決しないままになってしまった。

孝盛は次のように言う。

「武芸の場合は、師が弟子を観察して、たとえ技術が優れていても心ばえや人柄がよくなければ、免許皆伝を許さない。学問の場合もそうあるべきである。たとえ（旗本たちが）試験当日の席で聖賢の胸中を見透かしたかのように論じ、儒家の高い評価を得たとしても、安易に上科とするべきではない。日頃の行いがよろしくないのに、丸暗記で試験をしのいだ者を褒賞してしまえば、結局は幕府が世の信望を失うことになる」

孝盛としては試験の結果そのものよりも、旗本たちの人物人柄、学問に対する姿勢を重視したかった。しかし、世の中は孝盛が思うようにはうまくいかなかったのだ。

今も昔も「口は災いのもと」

寛政三年（一七九一年）五月、森山孝盛が目付に抜擢されると、老中首座・松平定信はたびたび孝盛を召して、政治についての意見を求めるようになった。ほかの目付はせいぜい二～三回しか呼ばれなかったが、定信の孝盛に対する信任は厚く、計一二回も召された。

孝盛はそのありがたさになんとか報じたかったが、さてどのように考えたのか。

当時、政務に関わる武士にとって最上の誉れとされていたのは〝諫言〟だった。諫言とは、生死を顧みずに主君を諫めることを指す。武士の持つべき心得を挙げた『葉隠』にも「奉公の至極の忠節は、主に諫言して国家を治むる事也」と記され、高く評価されていたのだった。

そこで孝盛は、定信に対して自分の思うところを述べ、定信を諫《いさ》めようと思った。間違っていることを糺《ただ》すことこそ、定信への報恩であると考えたのだ。その結果、定信に褒められれば、信頼はますます上がるだろう。しかし、難問が二つあった。

まず、諫言というからには定信の方針を批判しなければならないことだ。下手をすれば、定信の不興を買ってしまう危険性も高い。

もう一つは、肝心の〝どうしても諫言すべき案件〟があるわけではなかったことだ。そもそも定信の採る政策は孝盛の理想と合致しており、定信に正面切って反対する理由はなかった。つまり、孝盛はただ諫言する自分の姿に酔っていただけだった。

だが、それでも孝盛は真剣そのものだった。自叙伝『蜑の焼藻の記』では、次のように述べている。

「このように重用されているのだから、せめて公恩に報ずるため、もし即座に御勘当を申し渡されたとしても、かねて考えていることなどを御前に召された時に申し上げようと、機会を待っていた」

たとえ細かな点ではあっても、クビを覚悟で意見しようと考えていたのだ。

ところが、いざその機会が来ると、思うようにはいかなかった。

「重ねてお召しがあったので『今日こそは！』と意を決して御前に出た。だが、定信様を目の前にすると、ただただ恐れ入って蹲《うずくま》るのみで、何も言えずにむなしく退出して終わってしまった」

しかし、退出すると、今度は「せっかくの諫言のチャンスを逃したのは残念だ」という思いが込み上げてくる。

そこで「次こそは」と決意を新たにするのだが、結局は「又の時も同じ様に恐れ入りて

松平定信
!
諫言
…

空しく退きぬ」という体たらく。こんなことのくり返しだった。孝盛は、結論としてこう記している。

これをつくづくと考へ見れば、実に直諫なんど云ふことはかたきことにて、さる人は唐大和ともに百分が一もなきは理なりけり。まして其余の人々斗藪《とそう》の輩、いかで公の御為、身を捨て言を出すことのなすことの叶ふべき。

——これをつくづくと考えると、じかに諫言することは本当に難しいことだ。そのような勇気のある人が中国でも日本でもほとんどいないのは当然である。まして、一般の人々が公のために身を捨てて発言するなどということは、できるものではない。

孝盛は自分が小心であったことを自覚しつつも、「なかなか諫言できないのは普通のことであり、仕方ないこと」と弁解したかったのだろう。

だが、実際に孝盛が自分をアピールしたいがために、重箱の隅をつつくような諫言をしていたら、いったいどうなっただろう？　恐らく、定信は孝盛のあざとさを見抜き、その心ばえを嫌っただろう。孝盛は小心であるがゆえに、身を助けられたともいえる。

上司に対して余計なことは言わないこと、しないこと。古今東西に共通する、サラリーマンの心得かもしれない。

乳母のなり手がいない

子供を五三人も作った家斉だが、当然、将軍の子女を育てる乳母も数多く必要になったわけで、ここで問題が生じた。乳母の待遇がよくなく、なり手がいなかったからだ。食事は御広敷番頭や同添番《そえばん》などの立ち会いのもとでするので、育ちがよく慎みの心がある女性は気持ちよく食べることができない。控えの部屋でも湯茶を自由に飲むことができず、御茶所へ行って目付立ち会いのもとで飲む。また薬なども同様なので、ストレスがたまって、三~四ヵ月もすると乳が出なくなるのだ。

さらに乳母は、御奉公のために実子は里子に出し、家事も夫にすべて任せなければならなかった。

また、当時、乳母は御家人（将軍への謁見を許されない身分の武士）の妻から選ばれたが、その身分が理由で、乳母は将軍の子女の抱き寝は許されず、授乳の際に覆面をつけることを強要されていた。

このようなことから、乳母に事欠くようになったのだ。

困ったのは大奥を管轄する幕府留守居《るすい》である。ただでさえ乳母の手配は難しいのに、家斉はますます房事に熱心で、今後いったい何人の子供が生まれるのか、見当もつかないほどだったからだ。だが、乳母のなり手がいないという事態は、面目にかけても避けなければならない。

そこで幕府は〝改革〟を断行した。

一つは金銭的保証である。乳母が実家へ帰った後も、実子が四歳になるまでは扶持を支給することとした。さらに乳母の採用面接に応じる者には、採用の如何を問わず銀三枚を与えることとした。

もう一つは、乳母の採用範囲の拡大である。御家人の妻だけではなく、大番や小十人組といった中級の旗本の妻からも募集するようにした。

寛政四年(一七九二年)七月一三日、家斉の第三子で長男の竹千代が生まれた時から始められた。目付の矢部彦五郎は定信にこう言上《ごんじょう》している。

「賤しい身分の者の乳を奉るのがよいとは思えません。大御番や両御番・寄合の妻女まで吟味され、乳を奉らせ、御抱き寝までもさせるようにして、くつろいで十分に養い奉るほうがよいのではないでしょうか。たとえ竹千代様が乳母に馴染みすぎて、後々御側を放さないようになったとしても、乳母も夫も迷惑には思わないでしょう。これは、竹千代様にとってもよいことではないでしょうか」

乳
母

乳母のなり手がいないという現状を巧みに隠して、改革を具申したのだ。

定信はこれに許可を与え、乳母選びが始まった。

ちょうどその頃、森山孝盛の娘は出産した直後で、母乳もよく出ていた。これを聞いた留守居の曾我助造は、内々に孝盛にこう勧めた。

「貴殿の娘に乳があるのは幸いだ。なんとか娘を乳母に出しなさい。貴殿にその気があるなら自分に手づるがある」

次期将軍である御曹司の乳母の口である。待遇も改善されつつあるし、後々に娘が御側に仕える可能性もある。孝盛は、娘を説得した。当然、夫である婿養子の盛年は気が進まない風で、娘はなおさら嫌がったが、孝盛は強引に口説いて乳母に出した。

しかし、やはり大奥のしきたりは孝盛の娘には過酷だった。よく出ていた乳もたちまち細くなり、おまけに不幸にして四〜五日後に竹千代も病死したため、孝盛の娘は実家へ帰されてしまった。

孝盛は後年、これを「せめてもの忠義心だと思ってしたことだ」と書いている。確かに、そうした殊勝な心懸けもあっただろう。

しかし、その反面で、孝盛の胸には首尾よくいった時の一族の栄耀栄華も去来したに違いない。出世と一族の発展を望んだ孝盛の勇み足だったのである。

定信失脚で江戸城中は大混乱

寛政五年(一七九三年)七月、老中首座の松平定信が御役御免となった。将軍補佐と老中の職務を解かれたのである。原因は後ろ盾だった一一代将軍家斉と反《そ》りが合わなくなったからだった。事実上の失脚である。

これを聞いた幕臣たちはみな肝を潰して驚き、江戸城中は大混乱となった。総じて、幕臣の反応は次のようなものだった。

「今後の政務はどうなってしまうのか。只事では済まないだろう。定信様個人は大任を免じられたのだからいいかもしれないが、今後の人事などはどうなってしまうのだろう。御上が後のことを考えていらっしゃらないのは、合点がいかない。特に、定信様に抜擢され、国防を任されていた遠国奉行などは落胆のあまり、職務に励むことなどできなくなるだろう」

定信は先に失脚した田沼意次と違って、何らかの罪や不正を問われて罷免されたわけではない。それに、定信は老中をやめても白河藩主であることに変わりはない。だから格別かまわないが、これが実質的な失脚であることは、明らかであり、政局に大きな影響を及ぼすことになる。

定信によって町奉行に抜擢された池田筑後守（長重《ながしげ》、九〇〇石）は、城中で人目もはばからず声を上げて泣いた。池田は「金時」とあだ名されるほどの剛の者であったから、人々は「鬼の目にも涙とはこのことであろう」と噂したという。

同じく定信によって目付に抜擢された森山孝盛も茫然とし、孝盛の同僚だった中川勘三郎も号泣した。普段はのほほんとしてものに動じない性格だった神保佐渡守（長光《ながみつ》、九〇〇石）も「大変なことになった」と言ったきり絶句したという。

幕臣たちが噂したとおり、定信の政治改革の手足となっていた遠国奉行も落胆甚だしく、また定信の〝武芸奨励〟の号令に期待を寄せていた武芸者も張り合いを失った。

当時、老中だった松平信明《のぶあきら》・松平乗完《のりさだ》・戸田氏教《うじのり》・太田資愛《すけよし》・本多忠籌《ただかず》は、いずれも定信政権時に昇任した者だった。政変後の彼らの動向についてもさまざまに噂された。

筆頭老中の松平信明は新政権に残るだろうとされたが、松平乗完は大病を患っていたうえに幕臣の評判が悪く、このままポストを失うと予想された。また、太田資愛も病身で、定信の子飼いでもあったから引退すると見られた。戸田氏教はもともと力不足とされていたため、これも失脚すると考えられた。

ただし、本多忠籌にはほかの四人とは異なり、悪評が流れた。本多は今後も御用を申し

老中首座
松平定信
御役御免！

つけられるだろうが、「大悪人姦物だ」と批判されたのである。本多は「公方様へ追従《ついしょう》いたし、世上よりは賄賂をとり」といった人物であるとされていたからで、こんな男を残せば、賄賂政治が横行した田沼時代よりも悪くなると懸念されたのだ。

本多は石高からいえば老中になる家格ではなかったが、定信の抜擢で側用人から老中に昇進した。恩人である定信が失脚した以上、人が二度泣けば本多が五度、五度泣けば十度泣いても不自然ではなかった。だが、それなのに「本多は内心では快哉《かいさい》を叫んでいたはずだ」という噂が流れた。「家斉が定信様に不信感を抱いたのは、側用人出身の本多が家斉に取り入って讒言《ざんげん》したからだ」という、まことしやかな話が流布したからだ。

ことの真偽は定かではないが、若年寄の林肥後守忠英は「定信様さえ部下に足元を掬《すく》われたという。いやはや、何とも油断のならないことである」と漏らしたという。

追従者はどこの世界にもいる。定信が罷免されてから二年後、今度は森山孝盛が左遷の憂き目に遭うことになる。

友人の奸計で先手頭へ左遷

松平定信が寛政五年（一七九三年）七月に失脚し、この政変から二年後、今度は目付の森山孝盛が左遷の憂き目に遭った。

寛政七年（一七九五年）三月一七日、孝盛は老中の戸田氏教《うじのり》に召され、先手頭《さきてがしら》への転任を命じられた。先手頭は目付と同格の職務だが、これはあまり仕事のない暇な部署である。

じつは、この人事は孝盛の同僚であり友人だった目付・中川勘三郎の奸計によるものだった。孝盛は、ことの真相を中川自身の口から知った。

先手頭になってしばらく経った頃、孝盛は江戸城中の御目付部屋の入り口で立ち話をしていた。するとそこへ、中川が通りかかった。中川は孝盛に会釈して立ち去ろうとしたが、その際、聞こえよがしに次のようにつぶやいた。

ああ、とかくして追い出したる様な物なり。

——ああ、結局私が追い出したようなものだ。

中川の独り言は、明らかに孝盛に向けられていた。つまり、中川は「孝盛よ、君が目付職から追われたのは、私がそう仕向けたからだ。その理由は自分の胸に聞くがいい」というニュアンスを込めて孝盛に嫌味を言ったのだ。

孝盛はピンときた。数年前、孝盛はある人事をめぐって中川の恨みを買っていたのだ。孝盛が小普請組の組頭を務めていた頃、孝盛は若年寄の井伊直朗《なおあき》から、永井勘九郎（佳孝《よしたか》、五五〇石）と柘植平九郎（不明）という中奥御番の人柄について尋ねられた。二人を昇進させようという話が進んでいるらしいのだ。だが、永井と柘植は先輩に媚びへつらう悪癖があり、評判は決してよくはなかった。そのため、孝盛は二人の評判が芳しくないことを井伊にそのまま伝えた。この結果、二人の昇進は見送られた。

ところが、孝盛が目付となった後、またもや永井と柘植の昇進について、若年寄の安藤信成から尋ねられた。その背景には、じつは中川が永井と柘植に目をかけており、二人の昇進を強く推薦しているという事情があったのだ。

孝盛もこうした中川の運動に気づき迷いに迷った。しかし、私情を優先した人事を行うべきではないと判断して、この時も二人の評判がよろしくないことを安藤に伝えた。そのため、永井と柘植はついに昇進を果たせなかった。

これで面目を失った中川は長年、孝盛に対して遺恨を抱いていたのである。

中川は寛政七年春に先手頭に欠員が生じると、戸田に孝盛を充てるように進言して、孝盛を目付から放逐しようとした。戸田は鷹揚な人柄だったから、中川の推薦を素直にとっ

己が遺恨に任せて！
ああ、とかくして追い出したる様な物なり

て孝盛に転任を命じた。

新たに目付に任じられたのは本多肥後守《ひごのかみ》組の大番組頭・筧《かけい》伝五郎（孝忠《たかただ》、蔵米二五〇俵）だったが、筧はすでに七〇歳近くで孝盛の後任としては少しも似つかわしくない人物だった。だが、中川は目付一同による面接試験で、「筧は目付にふさわしい」という結論を出してしまった。孝盛を追い落とすために、誰でもいいから早急に後任を決める必要があったのだろう。

孝盛は自叙伝『蛩の焼藻の記』で、こう当たり散らしている。

「人のいい戸田を利用したのも奸計の至りだが、筧まで使うというのは許しがたい。七〇近い老人に政治の中枢を預かる目付が務まるはずがない。中川は、〝己が遺恨に任かせて〟（自分の遺恨を晴らすことばかりを優先して）、御上への忠心を失っている」

孝盛が危惧したとおり、筧に目付は務まらず、ほどなく目付を罷免され、先手頭に転任した。結局、人事の混乱を招いただけだったのだ。

中川は定信の下で孝盛とともに「寛政の改革」に励んでいたからこそ、遺恨を胸に収めることができたのだろう。だが、改革が挫折して目標を失うと、孝盛に対する恨みが爆発し、無用な内部抗争に走った。定信の失脚は孝盛をはじめ多くの幕臣たちの人間関係を乱し、その運命を大きく変えてしまったのだった。

火付盗賊改の職務に励む

寛政七年（一七九五年）五月八日、火付盗賊改を務めていた鬼平こと長谷川平蔵が病のために危篤となり、後任に森山孝盛が任じられた。孝盛は同年三月に目付から先手頭へ左遷されており、当時は西の丸先手鉄砲組頭の職にあった。

火付盗賊改は、先手頭が兼任して務める職だったため、これを「加役」と称した。ただし、加役は、一年間を通して務める本役と、火事が多い冬季に臨時に任じられる当分加役に分かれていた。孝盛は、平蔵が存命中であることから、まずは後者に任じられた。二日後の五月一〇日、平蔵が死去。一九日から喪が発せられ、二一日に孝盛が本役となった。

目付を解任されてから鬱々とした日々を送っていた孝盛は、燃えに燃えた。だが、屈折した思いが勝ってしまったのか、孝盛のエネルギーは前任者の平蔵に対する猛批判へと向かう。生前、庶民の間で人気者だった平蔵に強烈なライバル心を抱いたのだ。

孝盛は自叙伝『蜑の焼藻の記』でも「平蔵は小賢しき者だった」として、故人に対して延々と悪口を並べている。

平蔵が小賢しいとはいっても、大した理由があるわけではない。たとえば、平蔵が刑死した者の菩提を弔うために墓塔を建立したとか、道端や橋のたもとにいる乞食に銭を与えたといった程度のことを挙げている。これらは平蔵の温かい人柄を示すエピソードと考えるのが普通だが、孝盛は「庶民への人気取りだ」とバッサリ斬り捨てている。

ここまで来ると、「男の嫉妬」以外の何物でもないが、平蔵が後任の孝盛に迷惑をかけた面も確かにあった。

平蔵はそれまでの加役と同様、在任中に加役勤方の控留帳（裁判書類）をいっさい残さなかった。平蔵は昔から伝わる書類を引き継いだだけで、自分の書類は資料としてファイルしなかったのだ。また、火付盗賊改が職務上で使用する手鎖や積石（拷問用の抱き石）などの道具類も残さなかった。

孝盛にはこれが我慢ならなかった。万事きちんと記録を作成するのは当然であり、後任に道具類を引き継ぐのも大切だ。平蔵はいったい何をしていたのかというわけである。

平蔵と違って几帳面な孝盛は、後任に引き継ぐための書類を作成し道具類も揃えた。だが、これだけ熱心に働きながらも、孝盛は翌年五月、火付盗賊改を解任された。孝盛も部下たちも憤激した。過ちを犯した覚えは露ほどもなく、むしろ目付の森山主膳からは働きぶりを絶賛されていたほどだったからだ。

「これではあまりにひどい」と、孝盛の部下たちは事の真相を聞いて回った。すると、じつは後任となった塩入大三郎が、加役になりたいがために幕閣に工作していたことがわかった。孝盛は塩入に追い落とされたのだ。

塩入は無芸無学で、定信政権期にはまったく登用されなかった。何としても出世したかった塩入は、当時目付だった孝盛のもとを酒肴を持って訪れ猟官運動を行ったこともあった。そのような縁もあったのに、定信の失脚後、塩入は縁戚関係にあった老中・戸田氏教に取り入り、その権勢を利用してまんまと望みの地位を手に入れたのだった。

孝盛は悔しくて仕方なかった。大人物に取って代わられたのならともかく、塩入は小物に過ぎず、火付盗賊改となってからも夜回りの最中に居酒屋に入って酒浸りになるような不真面目な人間だった。

だが、罰が当たったというべきか、塩入は同年一二月に頓死してしまった。死因は、俄《にわ》かに高熱が出たためとも、真夜中に一人で出歩いたところを、塩入に恨みを抱く者が斬りかかり、その傷がもとで病死したとも噂された。

孝盛は胸のすくような思いがしたが、火付盗賊改の再任はかなわず、後任には目付の池田雅次郎（政貞、一〇〇〇石）が転任してきた。ポストが少ないため順送り人事がなされたのである。

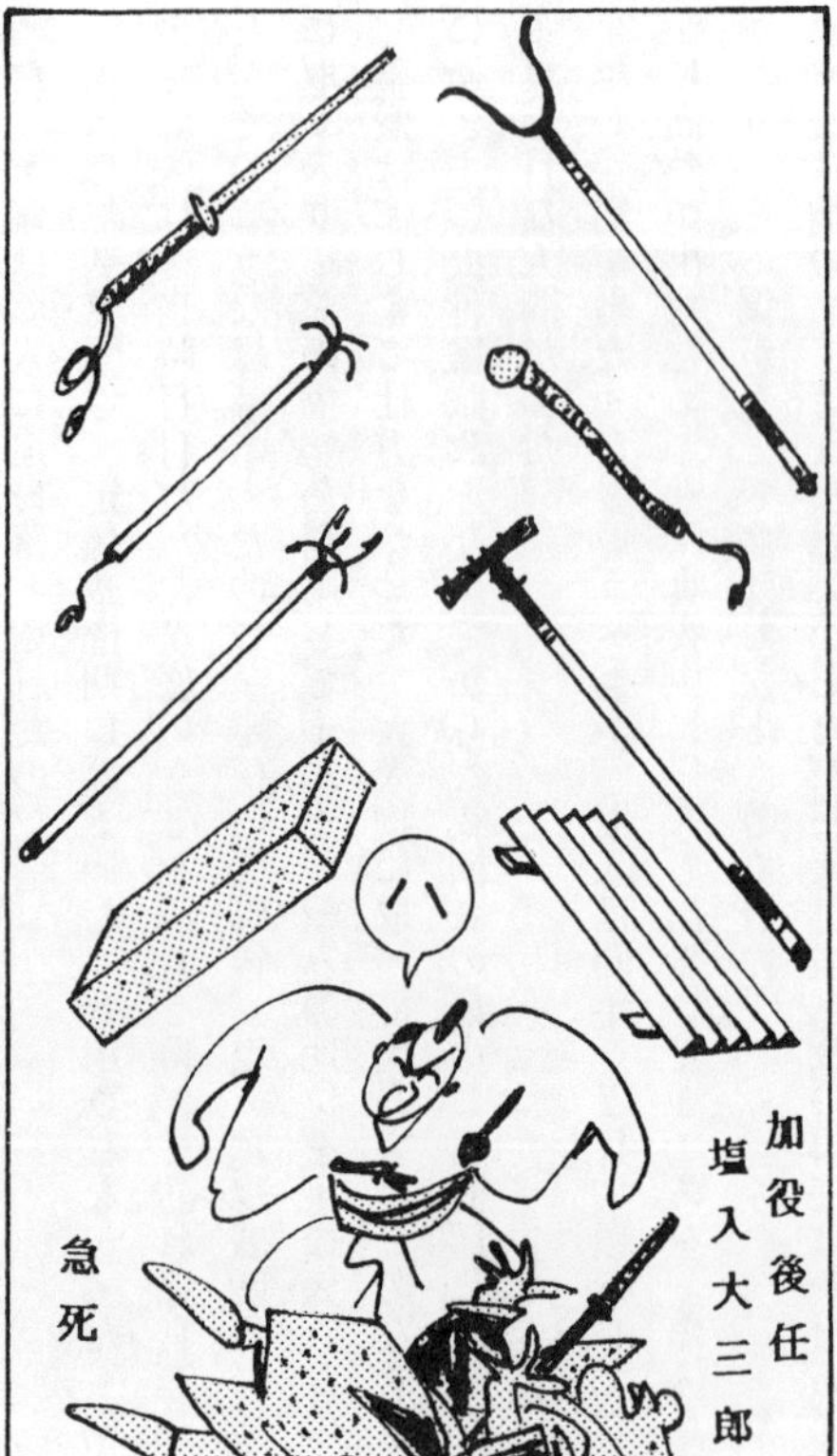
八
加役後任
塩入大三郎
急死

奇策を用いず王道を歩むべし

火付盗賊改職は、長谷川平蔵から森山孝盛、塩入大三郎、池田雅次郎へと引き継がれた。孝盛は、寛政八年(一七九六年)五月、塩入の猟官運動によって在任一年で解任された。だが、その塩入が就任後わずか半年で頓死。孝盛は火付盗賊改に再任されるかもしれないと期待したが、後任には池田雅次郎が選ばれた。

池田は、孝盛のほぼ二年後輩にあたる家禄一〇〇〇石の旗本である。孝盛は塩入の策謀がきっかけで、世代交代を余儀なくされたのだ。

だが、庶民の間では孝盛を支持する声も大きく、「今は御役をなさりはせぬが、森山源五郎様」と錫杖《しゃくじょう》を持った僧侶が孝盛を称えながら歩く姿も見られた。平蔵の大人気は別格としても、たった一年しか在任しなかった孝盛が人気を博したというのは特筆に値するだろう。

孝盛の声望が高まったのは「大塚放火殺人事件」と「江戸城下恐喝強盗事件」を見事に解決したからだった。

大塚事件とは、代官・荻原弥五兵衛の部下が、大塚(現、東京都文京区)に住んでいた御家人の従弟を斬殺し、その家に放火したという事件だ。一方、「恐喝強盗事件」とは、旗本が深夜に江戸城下を歩く者を脅して、金品を強奪したという事件である。両事件とも代官や旗本が絡んでいたため、捜査は難航を極めると思われたが、孝盛は面子《メンツ》にこだわらず、これらを見事に解決した。

孝盛の働きぶりは、幕閣の間でも評価されていた。

平蔵は、禁止されていた目明しを使った捜査を得意としていた。罪の軽い悪党たちと〝司法取引〟して、罪の減免を条件に仲間を密告させて大物を捕らえていたのだ。だが、この手法に対しては「裏業を使うと秩序を失い世間に悪影響をもたらす」と、批判の声も上がっていた。

一方、孝盛は目明しの利用を厳禁した。さらに、部下が悪党と癒着するなどの不正を行わないよう厳命した。これに対して、捜査力の低下も懸念されたが、実際には検挙率が下がることはなかった。これを見た幕閣は、「長谷川は覇道をもって務めたが、森山は王道を歩んで実績を挙げた」と絶賛したという。

人事面では不遇だった孝盛だが、その人柄や学識、功績は評価されていた。

寛政八年一二月、孝盛は火付盗賊改に再任されなかった代わりに、一一代将軍家斉の若君(一二代将軍家慶《いえよし》)の教育係に就任した。閑職ではあるが、将軍家の信任がなければ務められない、名誉ある職務だ。

王道
覇道
孝盛
平蔵

孝盛が将軍の信任を得ていたことを物語る、こんなエピソードがある。

寛政九年七月、孝盛の養子・盛年が小納戸に抜擢されようとしていた。小納戸の登用の際には、将軍が江戸城内の「吹上の上覧所」に候補者を呼び、直々に面接試験を行っていた。この試験は非公開で極秘に行われていた。

試験当日、孝盛は城内で会議があったため、赤坂見附から半蔵門に向けて馬を進め、半蔵門付近に来た。孝盛は盛年から試験があることを知らされていた。いま頃、将軍は「吹上の上覧所」にいるかもしれず、半蔵門方面を眺めている可能性もある。もしそうなら、馬に乗ったままでいるのは畏れ多い。しかし、面接試験のことは極秘だから、わざわざここで下馬するのも不自然だ——。

孝盛は迷った末に「馬が疲れたから下馬したことにすれば、問題はないだろう」と判断して、馬を降りた。

じつは、家斉はこの光景をずっと見ていた。家斉は感嘆した面持ちでこう語った。

「源五郎(孝盛)が通っていく。余が面接を行うことを知っているのだろう。下馬して通っておるわ」

雲上人である将軍が、一介の旗本の姿を遠くから認めていたのだ。孝盛は人づてに家斉のこの言葉を聞いて、「上様は私を見知っておられたのか」と感激したのだった。

エピローグ――平蔵とその好敵手たちの「その後」

本書では、鬼平こと長谷川平蔵とそのライバルたちの言動を紹介し、鬼平が庶民に慕われながら、ついに町奉行にはなれなかったことを述べてきた。

これは、松平定信を始めとして当時の幕閣が、平蔵を「山師」として、胡乱《うろん》な目で見ていたことに原因があるが、もう一つには、平蔵の経歴が町奉行になるルートに乗っていないという問題もあった。

通常、町奉行は、両番（書院番・小姓組）の番士から使番・徒頭・小十人頭のいずれかを経て目付になり、その後、大坂町奉行や京都町奉行などの遠国奉行を経て就任する。町奉行の就任年齢は、平均すると五一歳、最も若い人で三五歳、最も高齢で六四歳である。老中の平均が四五・三歳、最も若い老中が二三歳であることを考えれば、かなり昇進が遅い。これは、旗本役である町奉行は、就任まで多くの役職を務め、経験を積まなければならなかったからである。

平蔵の父信雄は書院番士から小十人頭に進み、先手頭を経て京都町奉行を務めた。これは四〇〇石の旗本としては出世した方だが、目付は務めていない。

平蔵は、部屋住みの頃、父に付いて京都に行き、奉行の職務を見習っている。父が京都町奉行在任中に没した後、家を相続し、西の丸書院番士となる。その後、西の丸徒頭を経て先手頭となり、火付盗賊改を兼任するのである。

寛政三年（一七九一年）一二月、初鹿野信興が死んで町奉行が空席になった時、平蔵も候補と目されたが、大坂町奉行の小田切土佐守が呼び戻されて町奉行に就任した。

この人事について、『よしの冊子』では、次のような話が書き留められている。

江戸町奉行は御目付を勤めぬものはならぬ。長谷川は決してならぬとさた仕り候よし。然る所、此度小田切を召し候に付き、今度目付を勤めぬ町奉行が出来た、とさた仕り候よし。

町奉行は、目付経験者でなければならないという内規のようなものがあったのである。しかし、そう言いながら、目付を経験したことのない小田切が町奉行になったので、平蔵にも可能性が出てきたと好意的に受け止められたのだ。

さらに、平蔵にひいきの者は、「大坂へは是非平蔵が行きそふナものだ。アレもせめて大坂へでも行かずバ腰がぬけよふ」と噂したという。持ち出しの多い火付盗賊改を長く務めていただけに、実入りの多い大坂町奉行にでも栄転しなければ破産するだろうというのである。

しかし、平蔵の異動はなかった。父の前例を考えれば、これはありうる人事だったのだが、幕閣から嫌われていたのが災いしたのであろう。

一方、小田切であるが、彼は目付を務めていないとはいえ、使番、小普請組の組頭を経由して駿府町奉行、大坂町奉行を歴任している。彼がなぜこのように陽のあたる場所を歩いてきたかといえば、それは彼が三〇〇〇石もの知行を持つ大旗本だったからであろう。

旗本も三〇〇〇石以上だと、無役であっても小普請ではなく、寄合という格式を与えられるし、役職に出る場合は、平蔵のような一般の旗本とは違って出世が早い。

一方、大番を振り出しに役を務めた森山孝盛などは、せいぜい小普請組の組頭か御広敷番頭ぐらいにしかなれない。孝盛が目付に抜擢されたのは、人並みはずれた教養が老中首座松平定信の目に留まったからである。

こうして見ると、旗本の出世競争は、家柄、職歴、上司のひきといったことが能力以上に重要だったことがわかる。家柄を学歴と読み替えてみれば、これは現代の出世競争とまったく変わらない世界である。

こういう中では、人間関係が特に重要で、平蔵のように上司に嫌われたり、孝盛のように杓子定規に行動して同僚から憎まれたりすると、思わぬところで足を引っ張られるのである。

さて、鬼平のライバルは、たくさんいた。その中でも最大の相手は、平蔵と同時期に火付盗賊改を務めた松平左金吾（定寅）であった。

火付盗賊改に任命されたとたんに平蔵をへこましたりした左金吾の活躍は書いた。左金吾は、なぜそのように自信たっぷりに行動できたのだろうか。

それは、彼の出自による。左金吾の松平家は、久松松平家の分家である。この家は、家康の異父弟である松平定勝に始まる。母は、家康の母でもある於大の方（伝通院）である。東京・小石川の伝通院には彼女の墓がある。

定勝の長男定行は、伊予松山藩主一五万石になり、次男定綱は伊勢桑名藩主一一万石となった。

左金吾の先祖である三男の定実は、病弱だったため領地を与えられなかったが、その子定之の代に二〇〇〇石を与えられて寄合に列した。旗本の中でも高い格式が許されたのである。

左金吾の父定蔵《さだくら》は、寄合から中奥小姓となり、のち西の丸小姓組番頭、西の丸書院番頭を経て大番の頭まで進んだ。大番の頭といえば、譜代大名が任じられることもある役職である。ある意味で、町奉行などよりよほど出世したと見ることもできる。

さらに、左金吾の親類になる定綱系の松平氏は、定賢の代に陸奥白河に転封になる。定賢の子定邦は、娘に婿養子を取るが、その養子こそ田安宗武の七男の賢丸、つまり後の松平定信である。

父は大番の頭、親類に当時飛ぶ鳥を落とす勢いにあった老中首座松平定信がいるという毛並みのよさが、左金吾の自信の源泉だったのである。

しかし、その自信家ぶりが周囲から疎まれる原因にもなった。『よしの冊子』には、次のように書かれている。

松平左金吾とかく手荒にて、諸事強すぎ候て、人々困り候由。どふでも西下(松平定信)を引きかけ威勢強く候に付、御先手頭同役衆も左金吾左金吾と持ち懸け候よし。

――松平左金吾はとかく手荒な人で、何事についても強気すぎて、人々は困っているということだ。強引に松平定信を引き合いに出して威勢が強いので、御先手頭の同僚たちも、「左金吾、左金吾」と持ちかけているそうだ。

しかし、このような行動は、すべて噂となって松平定信の耳に入ってくる。そのためか定信も左金吾を贔屓することはせず、火付盗賊改の加役はしばしば命じられたが、ついにその上の役職には任じられなかった。

そして、寛政五年(一七九三年)七月には定信が失脚し、左金吾も後ろ盾を失ってしまう。

寛政八年八月二七日、体調を崩した左金吾は勤務を辞し、同年九月一四日、失意のうちにこの世を去る。享年五五だった。

一方、森山孝盛を目付の座から追い落とした中川勘三郎（忠英）はどうなっただろうか。中川は、小普請組の組頭時代から孝盛の同僚だった。孝盛は、中川を介して定信に意見書をあげたりしていたので、中川を信頼していたが、ひどい裏切りを受けたわけだ。

こういう人間には報いがあってもよさそうであるが、中川の場合は順調だった。彼は一〇〇〇石の旗本だったが、二五歳の時、番士も経験しないままに小普請組の組頭となり、天明八年（一七八八年）には三六歳で目付に抜擢されている。

定信失脚後も引き続き目付を務め、寛政七年二月には長崎奉行に栄転する。さらに同九年二月一二日には勘定奉行として中央政界に戻って来る。なかなかたいしたものだ。

彼の栄達は、定信に抜擢されて目付になり、職務に精勤して能力を認められたからであろう。左金吾のようにただ家柄を鼻にかけるより、職務に邁進し、たまには裏技で人を陥れることもできる中川のような旗本が出世したということになろうか。

あとがき

旗本には、家禄というものがあり、加増がない限り、先祖代々同じ家禄であった。家禄は、領地（知行所）を与えられ、そこからの年貢を徴収する「知行」と、幕府の米蔵から米を支給される「蔵米」があり、前者は「石」、後者は「俵」で表される。

三〇〇石の知行取りなら、三〇〇石の生産力がある田畠を領地とし、四公六民ならば一二〇石の米を徴収できる。三〇〇俵の蔵米取りは、幕領の年貢米が収められた浅草の米蔵から三〇〇俵の米が支給される。もちろん、一年間で三〇〇俵もの米を食べるわけではないから、消費用の米を除いて残りは換金する。この業務を行ってくれたのが札差である。

米俵一俵は、三斗八升から四斗ほどだから、三〇〇俵の米は一二〇石になる。つまり、三〇〇石の知行取りと三〇〇俵の蔵米取りは、ほぼ同じ年収だった。そのため幕府は、三〇〇俵の蔵米取りが願えば、三〇〇石の領地を与えた。

ただし、領地から年貢を徴収するには、そのための家臣が必要だし、経費や運送費もかかる。そのため、一〇〇俵や二〇〇俵では知行取りになるメリットよりもデメリットの方が大きい。

よい仕事をしようとしているサラリーマンに本書を送りたいと思う。
なお、本書は、『週刊現代』の連載をまとめたものである。連載時の担当者である近藤大介・鈴木有介の両氏、及び挿絵を担当していただいた黒鉄ヒロシ氏、さらに現代新書担当の岡本浩睦氏に深く感謝します。

二〇〇二年四月九日

山本博文

講談社現代新書 1607

鬼平《おにへい》と出世《しゆつせ》 旗本《はたもと》たちの昇進競争《しようしんきようそう》

二〇〇二年五月二〇日第一刷発行

著者――山本博文《やまもとひろふみ》

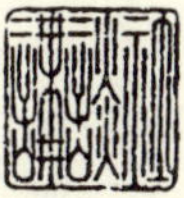

発行者――野間佐和子 発行所――株式会社講談社

東京都文京区音羽二丁目一二―二一 郵便番号一一二―八〇〇一

電話（出版部）〇三―五三九五―三五二一 （販売部）〇三―五三九五―五八一七 （業務部）〇三―五三九五―三六一五

装幀者――杉浦康平＋佐藤篤司

印刷所――凸版印刷株式会社 製本所――株式会社大進堂

（定価はカバーに表示してあります） Printed in Japan

N.D.C.210 236p 18cm

ISBN4-06-149607-7 （現新）

「講談社現代新書」の刊行にあたって

教養は万人が身をもって養い創造すべきものであって、一部の専門家の占有物として、ただ一方的に人々の手もとに配布され伝達されうるものではありません。

しかし、不幸にしてわが国の現状では、教養の重要な養いとなるべき書物は、ほとんど講壇からの天下りや単なる解説に終始し、知識技術を真剣に希求する青少年・学生・一般民衆の根本的な疑問や興味は、けっして十分に答えられ、解きほぐされ、手引きされることがありません。万人の内奥から発した真正の教養への芽ばえが、こうして放置され、むなしく滅びさる運命にゆだねられているのです。

このことは、中・高校だけで教育をおわる人々の成長をはばんでいるだけでなく、大学に進んだり、インテリと目されたりする人々の精神力の健康さえもむしばみ、わが国の文化の実質をまことに脆弱なものにしています。単なる博識以上の根強い思索力・判断力、および確かな技術にささえられた教養を必要とする日本の将来にとって、これは真剣に憂慮されなければならない事態であるといわなければなりません。

わたしたちの「講談社現代新書」は、この事態の克服を意図して計画されたものです。これによってわたしたちは、講壇からの天下りでもなく、単なる解説書でもない、もっぱら万人の魂に生ずる初発的かつ根本的な問題をとらえ、掘り起こし、手引きし、しかも最新の知識への展望を万人に確立させる書物を、新しく世の中に送り出したいと念願しています。

わたしたちは、創業以来民衆を対象とする啓蒙の仕事に専心してきた講談社にとって、これこそもっともふさわしい課題であり、伝統ある出版社としての義務でもあると考えているのです。

一九六四年四月　　野間省一

日本史

265 日本人はどこから来たか——樋口隆康
429 近代の潮流——飛鳥井雅道
444 出雲神話——松前健
1092 三くだり半と縁切寺——高木侃
1158 「反日感情」韓国・朝鮮人と日本人——高崎宗司
1208 王朝貴族物語——山口博
1239 武士道とエロス——氏家幹人
1265 七三一部隊——常石敬一
1294 女人政治の中世——田端泰子
1322 藤原氏千年——朧谷寿
1377 開かれた鎖国——片桐一男
1379 白村江——遠山美都男
1394 参勤交代——山本博文
1414 謎とき日本近現代史——野島博之
1424 平家物語の女たち——細川涼一
1432 江戸の性風俗——氏家幹人
1436 古事記と日本書紀——神野志隆光
1457 室町お坊さん物語——田中貴子
1461 日本海海戦の真実——野村實
1481 日本の〈地霊〉——鈴木博之

★1541 サラリーマン武士道——山本博文 黒鉄ヒロシ絵

〈新書江戸時代〉全5巻
1257 将軍と側用人の政治——大石慎三郎
1258 身分差別社会の真実——斎藤洋一 大石慎三郎
1259 貧農史観を見直す——佐藤常雄 大石慎三郎
1260 鎖国〟ゆるやかな情報革命——市村佑一 大石慎三郎
1261 流通列島の誕生——林玲子 大石慎三郎

日本語

372 日本語のこころ――渡部昇一
786 大阪弁おもしろ草子――田辺聖子
868 敬語を使いこなす――野元菊雄
1074 故事成語――合山究
1200 外国語としての日本語――佐々木瑞枝
1399 日本語のレッスン――竹内敏晴
1449 平成・新語×流行語小辞典――稲垣吉彦
1450 敬語はこわくない――井上史雄
★1459 日本語の復権――加賀野井秀一
★1193 漢字の字源――阿辻哲次
873 日本語をみがく小辞典〈名詞篇〉――森田良行
919 日本語をみがく小辞典〈動詞篇〉――森田良行
969 日本語をみがく小辞典〈形容詞・副詞篇〉――森田良行
1042 日本語誤用・慣用小辞典――国広哲弥
1250 日本語誤用・慣用小辞典〈続〉――国広哲弥

P